青春文庫

日本人の禁忌《タブー》

忌み言葉、鬼門、縁起かつぎ…
人は何を恐れたのか

新谷尚紀［監修］

青春出版社

監修のことば

この本を手にとって読もうとしている貴方《あなた》。なぜですか。禁忌とは、禁じられしかも忌み嫌われる行為のことです。そんなことが書いてある本をなぜ読みたいのですか。

禁じられている行為とは何か。してはいけない行為とは何か。まず、思いつくままにあげてみましょう。

第一は人の物を盗むこと、人を殺すことなどです。それを犯すと犯罪になります。人間社会は古代以来その行為に対しては刑罰を用意してきました。監獄に入れられたり死刑にされたりして、そんな人間は社会から隔離されたり排除されました。

第二は嘘《うそ》をつくこと、親を大切にしないことなどです。それは犯罪とまではいかないけれども、「嘘つきは泥棒のはじまり」ともいわれ、非常に嫌悪《けんお》される行為でした。それは人の道、つまり道徳に違反する行為とされてきました。

第三には食事のときに音を立てて食べること、葬式に喪服以外の赤や黄色の洋服を着て参列すること、目上の人に乱暴な口のきき方をすることなどです。これはマナー違反、不謹慎、つまり礼儀を守らない行為であり、一人前の人間がすることではありませんでした。

第四には仏教の出家者が肉食妻帯《にくじきさいたい》すること、イスラム教徒が豚肉を食べること、キリスト教カトリックの尼僧が男性と交わることなどです。これは宗教者にとっての戒律破り、破戒です。その宗教の信者以外の人間にとっては別段問題のないことですが、それぞれの宗教にとっては非常に大切な事柄でした。

以上、あげたものをまとめてみると、「犯罪」、「道徳」、「礼儀」、「戒律」などのキーワードが浮かんできます。そして、この本で考えてみようとしている「禁忌」とは、これら四つの事柄以外の、「してはいけないこと」なのです。

ここで、恥ずかしながらわたしの個人的体験を披露してみましょう。昭和四二年（一九六七年）の春、大学で学ぶために上京したわたしは、渋谷区代々木上原のアパートに住むことになりました。一クラス一三人、まもなく廃校となってしまった小学校を卒業した山間農村の出身者であるわたしには、東京はとてつもなく大きな都会でした。

近所の文房具店で当時、新発売のＢＩＣというクリスタル風のインクが見えるボールペンが気に入って買い求めました。太陽に透かせるとかすかに虹色が見えたりしてそのクリスタル・ボールペンはなかなか魅惑的でした。黒、青、赤、緑、と数本を買いそろえて、そのときどきに気に入った色のインクを使いました。ノートはまことに色鮮やかでした。

そんなとき、小学校の恩師、西原学先生から激励の手紙が届きました。大都会のひとり暮らしのわびしさの中、早速わたしはお礼と挨拶を兼ねて近況報告の手紙を出しました。そのとき気に入っていた赤いボールペンで……。それから、です。先生から二度と手紙は来ませんでした。

赤いインクの手紙が絶交の宣言の意味があることをわたしが知ったのは、それからずいぶんあとのことでした。先生に深くお詫びをしたのですが、小さいころ「何でもよく知っている子」と思われていたのに、まさかそんなことも知らなかったなんて……。なかなか、心のしこりは取れなかったようです。その後、平成九年（一九九七年）に亡くなられるまで、教え子のわたしのことをいつも心に掛けてくださった先生でしたが、その手紙のことは二人の間ではふれてはならない話題となっていたように思います。

そんな赤いインクのメモが、現在ではわたしのまわりの若い人たちの間では平気で出回っています。わたしも胸のポケットにはいつも赤いボールペンが入っていてそれでメモを取ります。血書や血判に由来すると思われる赤いインクの禁忌はいつまで続くのでしょうか。そういえば、便所に唾を吐いてはいけない、という禁忌はわたしはいまでも守っていますが、駅やデパートのトイレで見る限り東京ではほとんど守られていません。

この本で「禁忌」とは何か、を考えてみるわけですが、最初にあげた「犯罪」以下四つの事柄を加えた、あわせて五つの「してはいけないこと」の意味を整理してみると、次のことがいえそうです。

まず、「してはいけないこと」を守る人は信頼できる仲間であり、守らない人、守れない人は仲間に入れておけない人となります。それを守る人が自分たちの社会を作り、守らない人はその社会から排除されるという関係です。つまり、「してはいけないこと」とは何か。それは、互いに分かり合える関係を築くための目印である、自分たちの社会を構築するための基準である、ということです。

では、なぜ、それを犯せば社会から排除されてしまう危険さえある「禁忌」を、この本でわたしたちは覗いてみようとするのでしょうか。それは、人間という存在が、安定した社会を構築しその成員として完全であろうとする心理のベクトルをもつ存在でありながら、同時に逸脱してみようとする心理のベクトルをもつ同時矛盾の存在だからです。人間社会は無為自然に存在しているものではなく、意識されるか否かにかかわらず、不断の構築動力が維持し更新し続けている社会であることを垣間《かいま》見せてくれるのが「禁忌」破り、「禁忌」覗《のぞ》きの衝動なのです。

新谷　尚紀

『日本人の禁忌《タブー》』◆目次

構成　吉村貴
DTP制作　ハッシィ
カバー写真　Takahito Obara/stock.adobe.com

第一章　なぜ「してはいけない」のか

一 最初の禁忌破り

▼人類の出現とともに

「してはいけないこと」、すなわち禁忌の概念は、人類の出現とともにあった。わが日本には多くの禁忌があるが、もちろん人類すべてにおいて禁忌は存在する。

まずは人類の始まりから生まれた禁忌を見てみよう。

『旧約聖書』によれば、神が最初につくった人間はアダムである。神は土からアダムをつくり、鼻から命を吹き込んだ。創世記にはこうある。

「主なる神は、土（アダマ）の塵《ちり》で人（アダム）を形づくり、その鼻に命の息を吹き入れられた。人はこうして生きる者になった」

かくてアダムは最初の人となったが、心を通わせ、ともに生きる相手のいない孤独に苛《さいな》まれる。

そんなアダムに、神は救いの手を差し伸べる。

「主なる神はいわれた。『人が独りでいるのはよくない。彼に合う助ける者をつくろう』」（創世記）。

神はアダムを深い眠りに落とし、肋骨《ろっこつ》の一部を抜き取って跡を肉で塞《ふさ》いだ。その肋骨からつくられたのがイブである。神はアダムとイブをエデンの園に置き、木々に果実を実らせ、自由に食べるように告げた。ただ一本の木の実を除いては……。

神が食べるのを禁じたのは善悪を知る木の果実であった。アダムとイブにとって、その果実は「食すべからざるもの」、つまり、食の禁忌である。だが禁断の実は蠱惑《こわく》的である。心惹かれるイブをヘビが唆《そそのか》す。「あれは知恵の果実だよ。食べてごらん」。イブは誘惑に負け、ついに禁断の実を口にしてしまう。最初の禁忌破りである。果実はイブの手からアダムに渡され、アダムもまた禁忌を破る。

その瞬間、二人はおたがいが全裸であることに気づく。慌《あわ》ててイチジクの葉で腰のあたりを隠した二人だが、そこに神が現われ、こう咎《とが》めたのだ。

「おまえたちは何をしている。どうして裸であることを知ったのだ」

禁忌を破ったアダムとイブはエデンの園から追放され、やがては土に帰る（死ぬ）存在であることを知らされる。ここから人類の険《けわ》しい道のりが始まることになるのである。

創世記に記されたこのエピソードは人類が犯した最初の罪＝原罪を語るものだが、禁忌がどのような意味を持つものか、それをよく示唆《しさ》している。

ここでは禁忌は神の領域を守るものとしての意味を持っている。神は知恵を独占することで神たりえているという構図である。その禁忌を破り、知恵を得たアダムとイブ（全裸であることに気づき、腰を覆ったのは知恵を得た証左《しょうさ》）は楽園からの追放という苦難に投げ込まれるのだが、それは同時に、彼らが人としての自覚を持って生き始めたことでもあった。禁忌を破ることにはある種の目覚め、覚醒という側面があるようだ。

▼琉球の神話

このアダムとイブの神話に酷似した話が沖縄の古宇利島《フイ》に伝承されている。伊《い》波普猷《はふゆう》の著作『古琉球《こりゅうきゅう》』のなかで「琉球《りゅうきゅう》の神話」として紹介されているのだが、(1)おおまかな内容は次のようなものだ。

大昔、古宇利島に男女が現われた。二人は全裸で暮らし、毎日天から落ちてくる餅《もち》を食べていた。そのうちに二人に分別が生まれる。「食べきれない餅は蓄えておいたらいいじゃないか」というわけだ。が、この分別を持ったときから、ピタリ、天から餅は落ちてこなくなるのである。困り果てた二人は天に向かって歌をうたい、哀願する。

たうたうまへされ、たうたうまへ（お月さま、もしお月さま）
大餅《おおもち》やと餅お賜《た》べめしようれ（大きい餅を、太い餅をくださいまし）
うまぐる拾うて、おしやげやべら（赤螺《あかにし》を拾うてあげましょう）

だが、二度と天から餅が落ちてくることはなかった。以来、二人は海岸で貝を拾うなど、みずから働いて生きるほかはなくなるのだが、そんな生活のなかである日、海馬《かいば》が交尾するのを目撃する。二人は男女の「まぐあい（性交）」について知ったのだ。そのとたん、おたがいが全裸でいるのが恥ずかしくなり、クバの葉で陰部を隠すようになった、と古い琉球神話は伝える。

分別を持ったことで食の供給を断たれる、というくだりは、知恵を得て楽園を追放される、アダムとイブの神話にそのまま重なる。そこからみずから糧《かて》を得て生きる道を切り開いていくというあたりも同じだ。琉球神話には、禁断の実を食べるといった明確な禁忌破りはないが、分別を持つことを許さない天の思惑に背《そむ》くのは、やはり禁忌破りであろう。ここにも禁忌破りによって目覚め、自覚して生きるという、人類発祥の経緯が語られているのである。

二 根源の禁忌、性

▼近親相姦の禁止

性をめぐる禁忌といえば、だれもがまず「近親相姦」を思い浮かべるに違いない。

しかし、近親相姦の形態はきわめて複雑な様相を見せている。広く知られているのは、ギリシア神話の母親と息子の結婚の悲劇。エディプスの物語である。

テーベ国のライオス国王は神から「おまえは自分の息子に殺される」という託

宣を受け、妻イオカステの産み落とした息子の殺害を臣下に命じる。が、臣下は赤子を殺すことしのびなく、命に背いて赤子を他国に連れて行き、そこに捨てるのだ。赤子は羊飼いに拾われ、その国の王の子として育てられる。王がつけた名がエディプス。

長じたエディプスはわが出生《しゅっしょう》の秘密を知り、神にその真偽を尋ねる。

「おまえは自分の父を殺し、母と結婚する運命にある」

神のお告げに愕然《がくぜん》としたエディプスは、放浪の旅に出るが、その途次、一人の男を殺害してしまう。その男こそ、実父・ライオスであった。

むろん、そんなこととは知らないエディプスは旅を続け、怪物スフィンクスに苦しめられているテーベ国に赴き、スフィンクスを倒して民衆を救う。テーベ国に迎えられたエディプスを待ち受けていたのは、王妃イオカステとの結婚だった。逆らえぬ運命にいざなわれ、エディプスは託宣通り、父殺しの身となり実母と結婚することになったのだ。

すべてを知ったエディプスはみずから両眼を潰し、流浪の旅に出て悲惨な最期を遂げる。

母への憧憬と父への憎悪がこの悲劇の中核だが、フロイトはそうした傾向が人間の成長過程（とくに幼児期）には共通してあり、それがもたらす精神的な葛藤をエディプス・コンプレックスと名づけた。

神話は近親相姦への戒め、すなわち近親相姦を禁忌の領域内に封じ込めることを示唆しているともうけとれるが、歴史をさかのぼれば、親子間の結婚は別としても、兄妹間の結婚は珍しいことではなかった。古代エジプトやインカ帝国などでは、幾世代にもわたって兄妹婚が行なわれていた可能性があることが知られている。(2)

▼男女の禁忌

では、なぜ近親相姦が禁忌となったのだろう。実は、これは大問題であり、哲学、宗教学、人類学いずれの学問もまだ明確な解答を出すことができないでいるのである。ただ、いくつかの解釈は試みられている。

その背景に、婚姻形態の変化を指摘する説がある。(3) 人類進化の黎明期《れいめいき》の性はきわめておおらかだったと思われる。性に対する「禁」意識は少なく、血族、家族といった観念も希薄だった。「族」という観念ははじめ母親とその母親から生まれた子供たちの間に芽生えたのだろう。その後、農耕がはじまり、定住生活を送るようになると、小さな集団（氏族）がいくつか集まった集落が形成され、婚姻の形はそれまでの集団内での男女の結びつきから、集団外の者同士のそれに変わっていく。「族外婚」と呼ばれる婚姻形態である。

族外婚には集落内の結束を固めるといった意味があったはずだが、この族外婚は必然的に近親相姦を禁忌とするものとなったというのである。

また、生物学的な問題を近親相姦が禁忌となった理由にあげる説もある(4)。血族内、近親者同士の結婚では生まれてくる子供に身体的、あるいは精神的な先天性異常が起こる可能性が高く、死亡率も高い。子孫繁栄は人類の重大なテーマだから、そうした異常が起こる可能性を避けた、というのがこの説のいわんとするところである。

そのほか、家族間ではたがいに性的な欲望を感じないことを、近親相姦の禁忌と関連づける説もある(5)。長い時間を一緒に生活する家族のメンバー同士の間では、たしかに性的欲望が起きにくい。自然発生的に性的結びつきを「禁」とするコンセンサスが家族間に生まれたとしても不思議ではない。

文化人類学者のB・マリノフスキーは、近親相姦は家族関係を円滑に運ぶうえでマイナスになるため禁忌とされる、という説を唱えている[6]。家族間で性的な関係が結ばれると、親族内での地位が錯綜し、感情のもつれや嫉妬などによって家族に混乱が生じるから、というのが彼の主張だ。

三 死と禁忌

▼見てはならない

「死」もまた、多くの禁忌に彩《いろど》られている。

もっとも、前項の性の禁忌が人間の根源的・絶対的な禁忌であるのに対し、死の禁忌は「忌み避ける」禁忌である。

その根底にあるのは、死体に対する恐怖であろう。死体は時間経過とともに腐乱し、異臭を放つ。そこから死を穢《けが》れとする観念が生まれ、穢れは見てはならない、触れてはならないものとして、禁忌の対象となった。

死を穢れとして捉えている日本最古の文献は『古事記《こじき》』である。そこに綴られているイザナギ、イザナミ神話は、死して黄泉《よみ》の国に行ったイザナミの姿を「からだにウジがわき、膿《うみ》にまみれ…」と描いている。妻をこよなく愛していたイザナギもさすがに正視できず、逃げ帰ったのも宜《むべ》なるかなである。

イザナミの姿を見たことによって、穢れはイザナギにも取り憑《つ》く。黄泉の国から現世に戻ったイザナギはその穢れを洗い落とし、禊《みそぎ》をしなければならなかった。

現実社会でも死体は隔離され、日常性とは遮断された。古代には死者が出たら住居とは別に死者を安置する喪屋《もや》(忌屋《いみや》)が建てられる風習が生まれた。『古事記』では天若日子《あめのわかひこ》の死に際して、父親の天津國玉神《あまつくにたまのかみ》が喪屋をつくり、そこに天若日子の遺体を納める、というくだりがある。

▼近代に伝わる「喪屋」

喪屋をつくる風習はしだいに廃《すた》れていくが、沖永良部島《おきのえらぶ》の一部集落では近年までよく似た風習が残っていた。『沖永良部諸改正令達摘要録』(明治一〇年)にこんな記述がある。

「死人葬式儀は随意《ずいい》に任すといえども、先《ま》ず地葬、火葬の二つに有之、当島に於いては近年神葬式に相改め候。爾来《じらい》地葬すべきは当然に候処或る処は其棺を墓所に送り、モヤと唱ふる小屋内に備置き、親子兄弟等此モヤに到り、其棺を開き見る数回、終に数日を経、屍の腐敗するも臭気を不厭趣に相聞、右は人情の厚きに似たれども、其臭気をかぐものは甚だ健康を害し候は勿論、近傍通行の者といへども、其臭気に触るれば病を伝染し或は一種の病気を醸す者に有之、衛生上甚《はなわ》だ不宜事に付、自今右様の弊習は屹度相改め、死する者は速に埋葬致す云々論達す」

喪屋をつくり、そこに親子兄弟が赴いて棺を開け、死体を何度も見るのは厚い人情には違いないが、腐敗した死体が放つ臭気をかぐことは健康を害するし、周囲を歩く者も臭気に触れることによって病気にもなりかねないから、この風習をやめ、死者は速やかに埋葬するようにせよ、とのお達しである。

むろん、喪屋をつくる意味は、死の穢れを遠ざけるというものから、死者を悼《いた》む、名残を惜しむというものに変わってきたのだが、この地では明治初頭まで『古事記』の神話にも通底するような葬送が行なわれていたのである。

洋の東西を問わず、死体が禁忌の対象となる例は少なくない。それは主に死体を扱う人間を限定するという形で現われる。メラネシアでは死体を処理するのは墓掘り人に限られており、死体を処理した墓掘り人は数日間、断食しなければいけないと決められているし、フィジーでは死体に触れた人間は数日間、食べ物に触れることが禁じられている。(7)

日本では奈良時代、天皇や皇族の墓守は「陵戸《りょうこ》」と呼ばれる専門職が行ない、平安時代には行き倒れになった死体を葬るのは「犬神人《いぬじにん》」と呼ばれた下級の宗教者に限られていた、などの歴史がある。

四　呪術と禁忌

▼「死」や「苦」は感染する

現在ではビュッフェスタイルやテーブルでのフレンチ、中国料理といったものが主流になっているようだが、かつての結婚式や祝い事の席には和の膳が供され、必ず、鯛が並んでいた。理由はだれもが知っていることだが、鯛は「めでたい」に繋《つな》がるからである。また、長寿の祝いの席などに「千年を生きる鶴」と「万年を生きる亀」を模した鶴亀の飾りが添えられるのも、その長命にあやかりたい、という意味合いからだ。

こうした、言葉の類似性や、それが持っている（千年、万年生きるという）特性や性質に願いを託そうという思いや行為を、イギリスの人類学者であるJ・G・フレーザーは「共感呪術《じゅじゅつ》」と呼び、それには「類感呪術」と「感染呪術」があるとした。前者は似ているものどうしがたがいに感応し合って結果をもたらそうとすること。後者は接触や感染によって、それと同化しようとすることである。

J・G・フレーザーは類感呪術の一例としてオジブワ（インディアン）の呪術をあげている。

オジブワでは、だれかに危害を加えようとするとき、その人物に擬した小さな木像をつくり、その頭や心臓に釘や矢を打ち込む。すると、目的の人物は釘や矢が打ち込まれたのと同じ時刻に、自分のからだの同じ部分に激痛を感じる、というものだ。まさしく、日本に伝わる「丑《うし》の刻《こく》参り」である。

これらいかにも禍々《まがまが》しい呪術とは趣を異にするものの、鯛や鶴亀の縁起かつぎも類感呪術の一形態である。ほかにも、病院などで「死」や「苦」を連想させる四号室、九号室をつくらない、大相撲で花道を引き上げる勝ち力士のからだに触れる、など類感呪術や感染呪術の実例には事欠かない。

▼冒してはならない存在

超自然的な存在と交流が可能なシャーマンによって現出される呪術現象に、シャーマニズムがある。シャーマンは超自然的存在と直接接触して霊的能力を与えられ、それらの存在との交流によって、さまざまな役割を果たす。預言者である。病気を治したり、託宣を下したり…といったものがそれだが、その間、シャーマンは神がかりと呼ばれるような異常な精神状態（トランス状態）になる。

その状態は〝憑依《ひょうい》（ポゼッション）〟と呼ばれるが、シャーマンにはもう一つ、別のタイプがある。みずからの霊魂を肉体から離脱させ、その霊魂に超自然的な存在（神や高位の霊）がいる世界に赴かせて、彼らと接触するタイプだ。霊魂が肉体から離れ、神の住む世界に旅をする現象は〝脱魂《だっこん》（エクスタシー）〟と呼ばれる。

シャーマニズムが支配する社会では、シャーマンが社会全体の命運を握る。不安を取り除くのも、向かうべき方向を示すのも、繁栄をもたらすのも、すべてシャーマンであり、その力量が社会のありようを左右するのだ。だから、シャーマンを失うと社会は混乱し、危機的状況に陥る。

シャーマンの語はカムチャツカ半島やサハリン、中国北東部に住むツングース系の諸部族が呪術的、宗教的役割を果たすものを呼ぶ「サマン」に由来するとされるが、そのツングース系の諸部族ではシャーマンがいなくなると大混乱が起きたという。それまでシャーマンが支配していた精霊が部族の面々に取り憑き、悪影響を及ぼす。猟師は狩りができなくなり、人々は異常な行動をとるようになる。たとえば、熱湯を撒《ま》き散らしたり、燃えている木を振り回したり、飲食を断って死に至ったり…。こうした現象は部族の秩序を失わせ、その存亡を危うくもさせる。まさしくシャーマンが部族の命運を握っているのである。

そのシャーマンの言動が絶対であり、冒すべからざるもの、つまり禁忌として彼らの意識のなかで認知されていることはいうまでもない。そこからやがて神仏の教えとして「戒律」が生まれるであろうとも考えられるのである。それは、モーゼの十戒であったり、ブッダの教えであったりするだろう。

五　宗教と禁忌

▼霊的存在

宗教は神秘的な力、超自然的な力を背景に成立している。原始宗教として語られるのがアニミズムだが、アニミズムでは自然界の物や現象を、霊魂を宿しているもの、つまり霊的存在と捉えて信仰の対象にする。霊的存在とは、神秘の力、超自然の力を有している存在にほかならない(8)。

太平洋の島嶼《とうしょ》地域では自然界の力は「マナ」と呼ばれる。メラネシアの諸民族を研究するなかで、マナという観念が存在することを見つけたのは、英国の民族学者で宗教学者でもあったR・H・コドリントンである。

R・H・コドリントンはマナをこう定義している。

「物理的な力とまったく異なった勢力であり、あらゆる方法で善と悪とに働き、しかもそれを所有し支配すれば最大の利益であるような力」

マナは木や石などの自然物にも存在し、また人間にも存在する。太平洋地域の王国の長たる王たちはマナを有する人間の象徴といえる。彼らはマナを持っていることによって神聖であり、絶対的な存在なのだ。だれもその聖性を冒すことは許されない。そう、王以外の人間にとって、王は禁忌なのだ。マナを体現している王に関する禁忌の例は枚挙にいとまがない。トンガでは王や王の近親者のからだや身につけているものに触れることは禁忌とされ、それを冒したものは一定の期間、手を使ってはいけないとされていた。また、タヒチでは王が踏んだ地はすべて禁忌とされたため、王は自分の足で歩くことができず、王宮から出る際には肩に担がれて移動したのだという。

▼自然を恐れる

こうしたマナと禁忌の関係について言及したのは英国の人類学者R・R・マレ

ットである。R・R・マレットは『宗教と呪術』(竹中信常訳)のなかで次のように述べている。[9]

「このマナという語を、一般概念として超自然的なもの、聖なるもの、あるいは未開人の具体的経験にとって、まれには抽象的思惟にとっても、そこに尋常なきごとの法則とははっきり区別される奇蹟的なもののあることを感じさせるような、あらゆる事物の能動的部面に対してもちいることができるであろう。他方において、タブーという語はマナの消極的部面を意味するのにもちいられる。いうなれば、積極的な尋常以上の力を持つものがすなわちマナであり、消極的に接近してはならない超自然はこれすなわちタブーである」

つまり、マナと禁忌(タブー)は表裏一体の関係にあり、たとえば、ある超自然的な力が働くこと、あるいは力を持っているものがマナであり、その超自然的な力を恐れ(畏れ)、接触したり近づかないようにしようとする意識や態度が禁忌というわけだ。

マレットは宗教はこのマナと禁忌の相関関係から発展したものだと指摘している。

▼戒律

ユダヤ教を母体とするキリスト教の戒律は、古代エジプトで虐《しいた》げられていたイスラエルの民を導いたモーゼが、シナイ山頂で神から十戒を授かったことにはじまる。一方、仏教のそれは、むろん、ブッダが説いた教えである。モーゼの十戒は紀元前一二〇〇年代、ブッダが生きた時代は紀元前四～五世紀とも、紀元前三～四世紀ともされるが、両者の戒律の中身はきわめてよく似ている。モーゼの五戒から十戒は以下の通りだ。

五戒「汝《なんじ》殺すなかれ」
六戒「汝姦淫するなかれ」
七戒「汝盗むなかれ」
八戒「汝その隣人に対して虚妄の証拠をたつるなかれ」
九戒「汝他人の妻を濫に恋うるなかれ」
十戒「汝他人の所有物を濫に望むなかれ」

これらは仏教の不殺生戒（殺してはならない＝五戒）、不偸盗戒《ふちゅうとうかい》（盗んではならない＝七戒、十戒）、不邪淫戒《ふじゃいんかい》（淫欲を犯してはいけない＝六戒、九戒）、不妄語戒（嘘をついてはいけない＝八戒）にピタリ符合している。

また、イスラム教では酒を飲むことが禁じられているが、仏教にも不飲酒戒がある。

人の生き方を説く、世界三大宗教における戒律の類似性。洋の東西、時代を問わず、人間の本質、欲望や煩悩《ぼんのう》は変わらないということだろうか。

六　聖なるものと俗なるもの

▼接触してはいけない

宗教の成り立ちの基本的な要件として「聖と俗の分離」を主張したのはフランスの社会学者E・デュルケムである。E・デュルケムは『宗教生活の原初形態』（古野清人訳）のなかでこう記している。(10)

「宗教とは聖なるもの、換言すれば分離され禁忌された事物と関連する信念と行事との連帯的体系である。教会と呼ばれる同じ道徳的共同社会に、これに帰依《きえ》するすべての者を結合せしめる信念と行事との連帯的体系である」

聖なるものを俗なるものから分離しているのは、禁忌という意識であり観念である。禁忌は俗と聖とを分かち、聖なるものへの信念（信仰）やそれに基づく行事（宗教儀礼）を成立させる。また、聖と俗とが接触するのも禁止するのだ。接触によって聖が俗に冒されるのを防ぐためである。

聖と俗の分離は空間についても行なわれてきた。特定の空間（土地や地域）を聖なるものとして、世俗的なものから切り離す。その「アジール（聖域）」は絶対不可侵の地とされた。古くはギリシアのパルテノン神殿がアジールとされ、罪を犯した者もパルテノン神殿に触れると、捕らわれることも罰を受けることもなかった。ヨーロッパでは教会、日本では神社や寺院もアジールなのである。

神社が聖域となったことについては、『日本書紀《にほんしょき》』の阿閉臣国見《あへのおみくにみ》をめぐるエピソードが起源ともされる。雄略《ゆうりやく》天皇の時代、阿閉臣国見が栲笥喩《きこゆ》の息子である武彦《たけひこ》について「武彦が神宮に仕える斎宮《いつきのみや》を妊娠させた」との噂を流した。天皇の咎《とが》めを恐れた枳筥喩は、武彦を廬城河《いほきのかわ》に連れ出し、不意打ちをかけて殺害する。が、やがて噂は天皇の耳にも入ることとなった。天皇は斎の宮・栲幡皇女《たくはたのひめみこ》を問いただす。困り果てた皇女は神鏡《あやしきかがみ》を携え、五十鈴河《いすずのかわ》の上流に姿をくらましてしまう。しばらくして五十鈴河の上流から虹が立ち上るのが見え、あたりを捜索すると、皇女が持ち去った神鏡が見つかる。山中では皇女が命を断っていた。妊娠の真偽を確かめるべく、皇女の腹を開くと、なかには水が溜まり、石が入っているだけだったという。

武彦の科《とが》が冤罪《えんざい》だと知った枳筥喩は、息子を殺害したことを悔い、悪質な噂を流した阿閉臣国見を手にかけたのち、大和《やまと》の石上神宮《いそのかみのじんぐう》に逃れたが、罪に問われることはなかったとされる。(11)神社が安全な避難場所、つまりアジールとされていたのだ。

▼鳥居の注連縄

神社には鳥居が立てられるが、鳥居は聖と俗の境界を示すものといわれている。鳥居の外側は世俗、内側は聖域、つまり禁忌領域というわけだ。鳥居の起源については諸説がある。

よく知られるのが、天照大神《あまてらすおおみかみ》が天岩戸《あまのいわと》に籠《こも》った際、八百万《やおよろず》の神が鶏を鳴かせるために岩戸の前に木を立て、そこに鶏を止まらせたのが起源だとするもの。しかし、これも定説とはなっていない。

鳥居には注連縄《しめなわ》が渡されるが、この注連縄も天岩戸を起源とする説が知られている。天照大神が岩戸から出たとき、再び籠ってしまわないように岩戸に一本の藁縄《わらなわ》を張った。この藁縄は「尻久米縄《しりくめなわ》」といわれ、注連縄の起源となったというのがそれだ。

注連縄は鳥居だけではなく、神棚や古木、奇岩などにも引き渡されているが、いずれもそこから内は聖域、結界《けっかい》（浄域）であることを示す境界のシンボルといえる。俗なるものはむやみに境界内に入ることはまかりならぬ、距離を置くべし、触るべからず、という禁忌を象徴するものといっていい。

▼敷居が高い

日本には「敷居《しきい》が高い」という言葉がある。親不孝や借金の踏み倒しなど、迷惑をかけた人の家は訪れにくいという意味だが、この場合、敷居は境界にほかならない。訪れようとする人間にとって、訪問宅は、ある種の禁忌領域。高い敷居によって隔てられているのである。現在、敷居といえば襖《ふすま》や障子《しょうじ》などをはめ込む、溝のある木枠のことをさすのが一般的だが、かつては御簾《みす》や几帳《きちょう》も敷居の一種であった。

その御簾や几帳は明らかに境界として聖と俗を分離していたのである。臣下が帝《みかど》や将軍と御簾越しに言葉を交わすといった光景は時代劇にしばしば登場するが、まさしく俗である臣下と聖である帝、将軍を御簾が分離し、後者の聖性を保証しているのである。

平安時代の貴族の男女は御簾や几帳で隔てられていた。

やんごとなき立場の姫を訪れる男は、屋敷の縁にめぐらされた廊下（庇《ひさし》）にすわり、そこにかかった御簾越しに姫と話を交わした。顔や姿を見ることはもちろん、男の立場によっては直接、話をすることもできず、姫に仕える女房に取り次いでもらう形でしか話ができなかったのである。

しかし、姫との関係が親密なものになると、禁忌領域に一歩踏み込むことが許された。御簾のなかに入ることの解禁だ。もっとも、それでも姫と対面できたわけではない。T字の木枠から布をたらした几帳（一種の衝立《ついたて》）がまだ、姫との間にはあり、その几帳越しに話をするところどまりである。

几帳のなかに入ることが許されたのは、夫や恋人、つまりは男女の仲が成立している男だけだったのである。これも接触の禁忌の一種だ。

▼女人禁制

聖と俗と同じように「浄」と「不浄」という相反する観念も禁忌を生む。長く不浄の汚名を着せられていたのが女性だ。それがもっとも顕著に表われているのが霊場、霊山に見られる「女人禁制」である。この制度を初めて設けたのは伝《でん》教大師《ぎょうだいし》・最澄《さいちょう》といわれるが、それは一種の伝説にすぎない。最澄が説き、また求めた禅定の境地とはもっともっと高い次元のものであったはずである。ただし、比叡山《ひえいざん》が女性を禁忌としたのは、事実であり、それは僧侶の妨げと考えられたからであった。その後、高野山《こうやさん》、大峰山《おおみねやま》など全国の霊山も女人禁制の制度を採用している。高野山の『禁制記』には次のような記述がある。

「正和三年（一三一四年）八月八日、後宇多院の御幸ましましけるに、近里の女どもも拝みたてまつらばやと男の姿によそおいて、結界のなかに入らんとせしかば、俄《にわか》に雷はためき暴雨沛然《はいぜん》として空すさまじく降りければ…」

男の姿をよそおって女が結界に入ろうとすると、天が怒り、突然、雷鳴を轟《とどろ》かせ、すさまじい雨を降り注がせた。禁忌を犯せばこの始末、というわけだろう。女人禁制が確立された背景には、女を不浄とする仏教思想があるともされるが、たしかなところはわからない。

ただ、山岳修行をする修験者《しゅげんじゃ》が超自然的な力を得るうえで、女性に対する煩悩《ぼんのう》が邪魔になるという考え方が、女人禁制を定着させたという面はあるだろう。

もっとも、霊山全体が女性の立ち入りを禁じる結界だったわけではなく、中宮《ちゅうぐう》までは詣ることが許されるなど、禁忌は一部の領域に限定されていた。その境界は結界門、結界石などで示された。そして時代を経て、女人禁制は解除されていく。平安中期の歌人・和泉式部《いずみしきぶ》にまつわる、こんな話がある。

紀州の熊野本宮に詣でた和泉式部が伏拝《ふくはい》の付近まできたとき、突然、月のさわりとなってしまう。その身では本宮に詣ることはかなわない。そこで、式部は一首詠む。

「晴れやらぬ身のうき雲のたなびきて月のさわりとなるぞかなしき」（風雅和歌集）

すると、その夜、式部の夢に熊野権現が現われて、返歌をする。

「もとよりも塵にまじわる神なれば月のさわりもなにかくるしき」（同）

塵にもまじわる神であってみれば、月のさわりなどどうして気にすることがあろうか、というわけだ。この返歌を得て式部は本宮に詣ることができたという話だが、熊野本宮は不浄とされる生理中の女性も参拝させるほどに寛大だったということだろう。これは熊野信仰を広めた時宗《じしゅう》の念仏聖《ねんぶつひじり》たちによる宣伝のための創作という見方がもっぱらだが、現実にも各地霊山は相次いで女人禁制を解いていく。

そんななかで、現在に至るまで頑なにこの制度を守っているのが修験道の聖地の一つ、大和の大峰山である。大峰山では当初、中宮にあたる愛染《あいぞめ》から山上ヶ嶽までの三〇キロが結界とされ、一九七〇年に五番関址まで開放されたが、それより上方は依然、結界となっている。

こうした女人禁制は霊山ばかりでなく、各地の神事や民間習俗にも見られる。京都祇園《ぎおん》祭の鉾《ほこ》は女人禁制（長刀鉾、放下鉾、北観音山の三つ以外は時間によって鉾から見学は可）だし、大阪・岸和田のだんじり祭でも女性がだんじりに乗ることは禁じられている。博多の祇園山笠にも女性はいっさい関わることはできず、山笠期間中、男性は女性を近づけないのが決まりだ。

そのほか、以下のような女人禁制が民俗伝承の残っている。

・定置網漁《ていちあみ》船に女性は乗れない（北海道・函館・南茅町）
・ぼんでんを奉納する神殿に女性は入れない（秋田・横手）
・祭の山車《だし》のなかに女性は入れない。山車を扱うことができない（埼玉・川越）
・女性は神輿《みこし》に触れられない。法被《はっぴ》を着られない（滋賀・北比良）
・産後一か月は女性は鳥居をくぐれない（滋賀・守山）

ちなみに、もっともよく知られる女人禁制は大相撲の土俵。大阪場所の折、女性の大阪府知事がそれに異を唱えたが、受け入れられずに物議を醸した。

七 各地に伝わる民間伝承の禁忌

▼食べてはいけない

日本では各地に多くの民間伝承が語り継がれている。そのなかには禁忌に関するものが少なくない。埼玉県大里郡千代地区にある飯玉神社にはこんな禁忌伝承が伝わっている。

伊勢の外宮《げくう》と同じ豊受比売命《とようけびめのかみ》を祭神とする飯玉神社の社前には里唱御池という古い池がある。この池に棲む鯉や鮒《ふな》はなぜか昔から片方の眼がないといわれてきた。大里郡神社誌にも、それが記述されている。

「社前に古池あり、里唱御池といふ。池中に棲める魚類凡《すべ》て片眼なりと称せらる」

あるとき、眼を患った人が快癒を願って神社に参り、池にきちんと両眼がある魚を放したところ、その魚も片眼になってしまったと伝えられ、そこからこの池で魚を釣った人は片眼になるという伝承が生まれた。実際、釣りをする人はなく、この禁忌は営々と受け継がれているようだ。

これに似た片眼の魚の伝承は全国各地に見られる。

また、熊本県球磨《くま》郡岡原村には平家伝説と関連した禁忌が伝えられている。平家が壇ノ浦で源氏に討ち滅ぼされたことはだれでも知るところだが、生きながらえた平家一門は落武者《おちむしゃ》となって各地に散った。

平景清《たいらのかげきよ》もそんな運命をたどった武将。居所がわからない父親を探し求める景清の息女は各地を訪ね歩き、球磨郡の山中にやってくる。そこに父親がいるとの情報を得たからだ。息女が球磨郡の岡原村宮原の地にたどり着くと、突然、眼の前に黒猫が飛び出した。驚いた息女はその場に倒れ、ゴマの穂で眼をついてしまう。傷を癒していた息女は、無残にももはや父親が生きていないことを知り、形見の短剣をみずから喉《のど》に突き立てて命を断つ。はかない息女の一生を哀れみ、村人たちは墓を建てて葬り、ゴマの穂を村に持込むことをやめ、黒猫を飼うことも禁止したという。

こうした禁忌伝承は「○○をすると、○○になる」、あるいは「むかし、○○ということがあったため、○○してはいけない」という形式で成立している。これが民間伝承の禁忌の〝定型〟といっていい。膨大な時間の堆積を突き抜けて生きつづけているのは、そこに神話も含めた歴史的事実やある種の真実感があるからだろう。逆にいえば、生きつづけることによって真実感が厚みを増したともいえる。

五月五日、端午《たんご》の節句《せっく》には粽《ちまき》をつくって食べるのが一般的だが、この粽づくりが禁忌とされる地域もある。

その一つが岐阜県加茂郡太田町。この地の郷社の神が戦《いくさ》に赴こうと馬に乗った際、落馬して笹で目を突いてケガをしたという。そこで神の眼を傷つけた笹で包む粽はつくることまかりならぬ、となったとされる。

これは粽そのものより、粽を包む笹がその鋭い葉の先端で神の眼を傷つけるため禁忌になったとされる。

事実、笹のほか、松や麻、竹、葦《あし》など尖《とが》った葉を持つ植物が禁忌とされている例も見られるのである。

▼正月に餅を食べない

正月に餅《もち》を食べるのは日本人全体に共通した〝儀礼〟かといえば、そうではない。各地には正月に「餅を搗《つ》くこと」「餅を食べること」が禁忌とされているところが数多くみられるのだ。「餅なし正月」の名があるこの禁忌の理由はさまざまだが、過去の事件や伝説に絡《から》んで、というものが多い。

「先祖が落人であったり、貧しかったため、正月に餅を搗《つ》くことがかなわなかった。その先祖を慮《おもんぱか》って餅を搗かない」

「餅を搗く時期に敵に襲われ、餅なし正月を過ごした先祖を思って搗かない」

「先祖が犯した罪科による恨みで、餅に血が混じるなどの異変が起こるため搗かない」

「餅を搗いているときに貴人や鬼がきて餅を所望したが断った」

地域によってディテールは違うが、事件や伝説の骨格はおおよそこのようなものである。禁忌を破ると、人が死ぬ、火事が起きる、餅が燃える、餅が赤くなる……などの現象が起きるとされている。

民俗学者の坪井洋文は『イモと日本人』(12)のなかで、餅を搗かない・食べない地域をあげている。

それによれば、山形県、栃木県、群馬県、埼玉県、東京都、愛知県、和歌山県、大阪府、島根県、愛媛県、神奈川県、静岡県、長崎県、岡山県…と、この禁忌が残る地域はほぼ全国に点在している。

また、戦前まで餅なし正月の禁忌がつづいていた、愛媛県加茂地区の藤之石にはこんな伝説が語られている。

藤之石で正月に備えて餅搗きをしていたところ、裏口から乞食が顔を覗かせて、餅を分けてほしいとせがんだ。相手が乞食と見た村人は「おまえなどにやる餅はない」と邪険に乞食を追い返してしまった。ところが、じつはその乞食、姿を変えた神だったのだ。身なりの貧しさゆえに追い返したことに腹を立てた神は、餅米を蒸していた甑《せいろ》を飛ばしてしまった。以来、このあたりでは正月に餅を搗かず、「うわもり」というダンゴをつくって正月を過ごしたという。

餅なし正月の習俗がある地域では、正月に餅の代わりに里芋などイモ類を食べたり、供えたりすることが多いのだが、イモ類は稲作が伝わる以前から栽培されていたとされる。栽培されたイモ類は正月儀礼にも用いられた。

つまり、餅以前にはイモ類が正月に食べるもの、供えるものであり、稲作の普及にともなって餅に取って代わられたというのである。が、その流れに抗して、イモ類に拘りつづけた地域もあった。餅なし正月の習俗はそんな地域に受け継がれたものだ、ともいわれている。

島根県鳶巣《とびす》村の旧家・中村家では粽づくりがいまもって禁忌とされているが、これは伝説が背景にあってのこと。時は戦国時代、小早川正平を将とする毛利《もうり》軍と尼子《あまご》軍が刃を交えた折、形勢悪しく敗走した正平とその近習《きんじゅ》八人が鳶巣村にたどり着いた。だれもが疲労困憊《こんぱい》、食も底をついていたことは想像に難くない。一行は中村家に休息と食べものを求めた。そのとき、中村家では節供用の粽をつくっていたのだが、敗軍の将及び近習に恵む必要などない、と考えたのだ。

そこで、粽が笹に包まれていることをいいことに、「これは牛馬のエサでございます」とウソをつき、食べものの供給を拒否した。一行は仕方なく山に入り、打ち揃って自害と相成った。

中村家に変事が起こるようになったのはそれから。粽をつくると決まって何かよからぬことが起こるようになったのである。

以来、中村家では粽をつくることが禁忌となったというわけだが、小早川正平一行の怨念を恐れてのことであるのはいうまでもない。

この例のように伝説が核となっている民間伝承の禁忌は多数散見されるのである。

▼家例の禁忌

家独自の〝厳守事項〟、絶対に守らなければいけない決めごとが「家例」である。そのなかには禁忌もある。中身は特定の食べものを食べてはいけないとするもの、特定の作物を作ることを禁じたもの、儀礼や行動を規制するもの、に大別されるようだ。多くの家で禁忌の対象となっているのが「きゅうり」である。

きゅうりを栽培することも食べることも禁じるというもの、栽培だけを禁じ、食べることは禁じていないもの、と違いはあるが、なぜか、きゅうりを禁忌作物としている家例は多いのである。きゅうりは水神、天王に供える食物であることから、それらへの信仰が背景にあるのではないか、という指摘もある。実際、須佐之男命を祭神とする各地の神社の祇園祭や天王祭では、半紙で包んだきゅうりを奉納するところもあり、その日は「きゅうりを食うな」とするところもあるのだ。

きゅうり以外では、サヤエンドウやショウガ、モロコシなどの栽培が禁じられている。

儀礼の禁忌では、元旦にはお茶を飲まないというものや、まゆ玉をつくらないというもの、節分にメザシの頭と豆の木、ヒイラギを家の入口にさしてはいけない、といったものがみられる。

このような民間伝承のなかの禁忌というのはいずれもさまざまな解釈が可能なだけに、逆にその分析はなかなか一筋縄ではいかないい複雑な歴史を経てきているものなのである。

註

(1) 伊波普猷『古琉球』青磁社　一九四二　(2) スーザン・フォワード、クレイグ・バック著、佐藤亮一訳『近親相姦』河出書房新社　一九八一　(3) L・H・モルガン著、青山道夫訳『古代社会』岩波書店　一九五七　(4) ノルベルト・ビショップ著　藤代幸一、工藤康弘訳『エディプスの謎』法政大学出版局　一九九二　（5）E・A・ウェイスターマーク著、江守五夫訳『人類婚姻史』社会思想社　一九七〇　（6）B・マリノフスキー著、阿部年春・真崎義博訳『未開社会における性と抑圧』社会思想社　一九七二　（7）フランツ・シュタイナー著、井上兼行訳『タブー』せりか書房　一九七〇　（8）E・B・タイラー著、比屋根安定訳『原始文化』誠信書房　一九六二　（9）R・R・マレット、竹中信常訳『宗教と呪術』誠信書房　一九一四　（10）E・デュルケルム著、古野清人訳『宗教生活の原初形態』岩波文庫　一九七五　（11）『日本書紀』雄略天皇三年四月　（12）坪井洋文『イモと日本人』未来社　一九七九

第二章　日本史のなかの禁忌を読み解く

一　禁忌という言葉の歴史

▼タブーと禁忌

日本語の禁忌は「タブー」と同義であるとされている。タブーはポリネシア語で「巻き貝を吹く」、あるいは「太鼓を叩く」という意味だ。ポリネシア社会の部族の長が、守るべきことや禁止事項を部族内に伝達するとき、巻き貝を吹いたり、太鼓を叩くといった方法を用いたことからこの語が生まれた、と考えられている。一方、タブーは「はっきりとしるしをつける」ことを意味するという説もある。(1)

ポリネシアでのタブーは〝神聖な王〟の存在を背景に成立していた。神聖であるがゆえに王は絶対不可侵の存在であり、王が指示するものはそのまま犯すべからざるものとなった。たとえば、王が「この土地はタブーである」と宣言すれば（はっきりしるしをつければ）、そこはだれも入ることが許されないものとなり、人間や道具についてタブーを宣言すれば、それらは王のみが関与できるものとなったのである。言い換えれば、王の権威を保証するものとしてタブーがあったといってもよい。

やがてタブーは王を頂点とする階級社会にも波及する。大酋長や酋長、家長といったヒエラルキーの各階層にある人間たちも、それぞれタブーを宣言することができるようになり、そのタブーによって自分の権威が守られるという構造がつくられたのである。さらに一般の部族民も自分の妻などについてタブーを宣言し、その所有権を担保するという形にまでタブーの枠は広げられることになった。

タブーはまた、生活の全般にわたって設けられた。

イギリスの人類学者であるJ・G・フレーザーは以下のようなものを象徴的なタブーとしている(2)。

・外来人と接してはいけない
・飲食するところを人に見られてはいけない
・顔を見せてはいけない（現在も回教徒のなかに生きている）
・食べものを残してはいけない

・月経中や出産婦は他のものと接触してはいけない
・死者の名を呼んではいけない

王を頂点とするタブーが聖なるものに対する畏《おそ》れという要素が強いのに対して、こちらは避けるべきもの、という観念に包まれたタブーといえる。

▼「忌む」と「斎む」

こうしたタブーの観念はポリネシアだけではなく、全世界的なものである。日本でいえば「いむ」の語がタブー観念を表すものとして用いられていた。「いむ」にあたる漢字は「忌」あるいは「斎」である。しかし、当初「いむ」という観念、あるいは感情のなかで両者は未分化のままであった。「忌む」が不浄なものを避けたり、嫌悪したりすること、「斎む」は穢れを避け身を清めて慎む、という意味で使われるようになるのは、奈良時代の末になってからだとされる。

禁忌もはじめは「忌」「斎」の両義を併せ持つ観念をさす言葉だったとされる。しかし、しだいに「忌」に重点が置かれるようになっていく。タブーが依然、両義性を持っているのに対して、禁忌にはどちらかといえば「忌」のイメージが強くなっているようだ。

『日本国語大辞典』（小学館）では、禁忌の意味はこう説明される。

【禁忌】忌みはばかって禁止したり避けたりすること。またその事柄。さわり。タブー。

また、『大漢和辞典』（大修館書店）の「禁忌」の項ではこう説明されている。

【禁忌】きらってとどめる。或る物事を凶として忌み嫌ふこと。日月・方位・醫薬・食餌などに就いて忌むこと。〔漢書、藝文志〕牽於禁忌泥於小數。〔風俗通、正失〕今俗聞多有禁忌。〔後漢書、百官志二〕太史令一人、六百石、本注曰、掌天時星暦、云々、及時節禁忌。

ちなみに、『漢書藝文志』は正史『漢書』の目録、『風俗通』は後漢の学者・応劭が著した書物、『後漢書百官志二』は官位制度を記した書物だ。

日本の書物のなかに「禁忌」を探せば、『今昔物語』の陸奥《むつ》説話のなかにこんな記述がある。

「境に入り任に着くの初めに俄《にわか》に天下大赦《たいしゃ》有て、頼良《よりよし》免されぬれば、頼良大きに喜びて、名を頼時《よりとき》と改む。亦且は守の同名なる禁忌の故也」

頼良は安倍頼良。平安時代後期の武将で、東北地方で権勢を奮い衣川を越えて陸奥の公権と刃を交えるようになる（前九年の役）のだが、源頼義《よりよし》の前に屈服する。その際、大赦を得て所業を許された頼良は名前を頼時に改めるわけだが、その理由が守（頼義）と同じだという禁忌によってだったというのである。これは明らかに聖なるもの（力あるもの）に対する「畏怖」と「遠慮」の意味合いである。

また、浄瑠璃《じょうるり》『平仮名盛衰記』に見られるのがこんな記述だ。

「義経仰せ出さるるは『山人なれば案内は知りつらん、是より宇治へ出んには、近道ありや』と問い給へば『ハハア心安き事のお尋ねや、御覧遊ばせ西に見えたる平岡をばあらた山と申し、それより先に頸落《けいらく》の滝といふ所を行かんには近道にて候』と云ひもあへぬに『いやコリャ老人、戦場に向はんに頸落の滝とは禁忌なり、その他に道はなきか』」

源頼朝の命で木曽義仲《きそよしなか》の討伐に向かった源義経が鈴鹿山の山中で老人に近道を尋ねる場面だが、老人が「頸落の滝」のところを通れば近道になる、と教えたのに対して義経が「戦場に赴くのに〝頸落の滝（頸が落ちる滝）〟は禁忌だ」と答えている。この禁忌は「縁起の悪いもの／邪悪なもの」を忌む、避けるというものである。

この両者、禁忌の両義性を示す好例だといえる。

「いむ」から転じた言葉も、聖なるものへの畏怖と邪悪なもの・不浄なものへの忌避に分化している。神に対して身を慎む「いみつつしむ」、神を厳粛に祀る「いつきまつる」は前者、邪悪なものを避ける「いみきらう」、死の穢れを避ける「いみさける」は後者だ。

二　古代の禁忌

▼イザナギとイザナミ

『古事記』のなかにあるイザナギ・イザナミの話からは、死穢《しえ》に触れることの禁忌が読み取れる。イザナミは火の神を産んだことで陰部《ほと》を焼かれて死に、黄泉《よみ》の国に旅立つ。妻の死に滂沱《ぼうだ》の涙を流したイザナギは、妻を死に至らしめた火の神

（火之迦具土神《ひのかぐつちのかみ》）の首を刎《は》ねたとあるから、その夫婦愛は強固なものだったのだろう。イザナギはイザナミを連れ戻すため黄泉の国に赴くのである。

「愛しいわが妻イザナミよ、私とおまえとでつくった国はまだつくり終えていない。だから、それをつくるためにこちらに還《かえ》ってくれ」

妻に懇願するイザナギ。しかし、イザナミには還れない理由があった。黄泉の国では、そこで煮炊きしたものを口にすると、二度と現世には戻れないのが掟《おきて》。イザナミはすでに食べてしまっていたのだ。それでもイザナミは黄泉の国の神と相談することを夫に約束する。そのとき、イザナミはこうイザナギに告げるのだ。

「われをな見たまひそ」

私を見ないでください、の意である。死を見ることの禁忌である。だが、イザナギは妻の言に背《そむ》き、その姿を覗き見てしまう。

イザナミは変わり果てていた。からだにはウジがわき、膿《うみ》にまみれ、頭にはおどろおどろしい大雷がとりつき、胸にも腹にも、陰部にも、さらに両手両足にも雷神が生まれていた。死はあまりに見苦しく、汚なく、恐ろしいものだったのである。イザナギは黄泉の国から逃げ帰る。

イザナミの命令でそのイザナギを黄泉の国の醜女や雷神が追う。櫛《くし》を投げて山《やま》葡萄《ぶどう》の実をならせたり、桃の実を投げつけたり、さまざまな手を尽くして必死に逃走をつづけるイザナギは、ようやく黄泉の国と現世の境である黄泉比良坂《よもつひらさか》までたどり着く。

イザナギは黄泉比良坂を巨大な岩で塞ぐのだが、そこに最後の追っ手となったイザナミ本人が迫ってきた。

岩の向こう側からイザナミはこう言い放つ。

「私はおまえの国の人間を一日に一〇〇〇人殺すぞ」

対してイザナギはこう答える。

「ならば、私は一日に一五〇〇の産屋《うぶや》を立てよう」

一〇〇〇人殺すというなら、一五〇〇人産ませようというわけだ。かくてイザナミは黄泉の国にとどまり、イザナギは現世で生きることになる。

穢らわしい死の国から逃げ帰ったイザナギがまず最初に行なったのは身体を洗い清めることであった。

▼死穢を忌み嫌う

葬送の歴史の上で注目されるのは、大化の改新（六四五年）の直後、六四六年に出された『大化の薄葬令《はくそうれい》』であろう。そのなかで殯の禁止や殉死、副葬品の禁止といったことなどとともに、埋葬についての規定が記されている。

「凡《およ》そ、畿内より諸国に及《いた》るまで、一所に定めて収め埋めしめ、汚穢《けがらわ》しく処々に散し埋めること得じ」

畿内はもちろん、諸国でも遺体を埋める場所は一か所に定めよ。汚らしくいろいろなところに埋めてはいかん、というわけだ。ここにははっきり死を穢れと見る意識があらわれている。また、七〇一年に出された『喪葬令』には、

「凡そ、皇都及び道路の側近、並びに葬り埋むることを得ざれ」

の記述が見られ、天皇の居住する場所と、その延長線上の道路の側近くに遺体を埋めることを禁じている。これらの規定は、それ以前には遺体が特定の場所ではなく、道路や家の近くにも埋葬されていたことを窺わせる。

つまり、一般民衆には死を穢れとし、生活の場から遠ざけようとする意識がそれほど強くなかったことが推測されるのである。死穢の禁忌は大和朝廷の側に強

くあり、上意下達《じょういかたつ》の形で民衆のなかに持込まれたようなのだ。

もっとも、大化の薄葬令のなかには、地方から役《えき》に駆り出された人間が、仕事を終えて郷里に戻る途中に病死したりした際、その街道沿いの家々が病死した人間の仲間にお祓いをさせ財物を要求する、ということを禁じる条項がある。薄葬令以前にも、よそ者、行きずりの人間の死に対しては、死穢の意識はあったということだろう。同じ村に暮らす人間、つまり共同体内の人間の死とよそ者の死とは違ったものとして捉えられていたのである。よそから入り込んできた死、すなわち共同体にとっては異質の死が、共同体の秩序や調和を乱すものと考えられたからだろうか。

三　平安貴族の禁忌

▼寝殿造りのなかの神聖な部屋

平安時代の貴族の住いは寝殿造りと呼ばれる形式であった。

敷地の周囲は築地塀《ついじべい》で囲まれ、寝殿の前には庭が設けられ、池や築山《つきやま》が造られた。平安貴族の住まいにふさわしく雅《みやび》にして壮麗《そうれい》という印象だが、じつはこの寝殿造りには禁忌の場所が設《しつら》えられていたのである。

「塗籠《ぬりごめ》」がそれだ。周囲の壁を厚く塗り込めたことからこう呼ばれるのだが、この室には戸口が一か所しかなく、開放的な造りが基本の日本家屋ではきわめて異質な空間であった。塗籠は寝殿のなかでもっとも神聖な場所とされ、宝物の収納や主人の寝所として使われていた。むろん、出入りできる人間も限られていたのである。のちには出入口の数も増え、しだいに開放的な空間となって納戸《なんど》として使われることが多かったとされるが、家屋のなかに造られたはじめての聖域であったことは間違いない(3)。

▼『竹取物語』『源氏物語』の塗籠

『竹取物語』のなかにも塗籠の語が見られる(4)。

「おうな、塗籠の内にかぐや姫を抱きかかえており、おきなも塗籠の戸鎖《とざ》して、戸口におり」

竹のなかから発見した大事なかぐや姫を守るために、塗籠のなかに潜んだというわけだが、他者の侵入を許さない空間という意味合いが塗籠にあったことがこの一文からも窺える。平安朝文学の代表的作品である『源氏物語』では、こんな形で塗籠が登場している。

「月いと明うさし出でてをかしきを、源氏の君、酔ひ心地に見すぐしがたくおぼえたまひければ、『上の人びともうち休みて、かように思ひかけぬほどに、もしさりぬべき隙もやある』と藤壺《ふじつぼ》わたりをわりなう忍びてうかがひありけど、語らふべき戸口も鎖してければ、うち嘆きてなほあらじに、弘徽殿《こうきでん》の細殿に立ち寄りたまへれば、三の口開きたり。

女御《にょうご》は上の御局《みつぼね》にやがて参う上りたまひにければ、人少ななるけはひなり。奥の枢戸《くるるど》も開きて人音もせず。『かようにて、世の中のあやまちはするぞかし』と思ひて、やをら上りて覗きたまふ。人はみな寝たるべし。いと若うをかしげなる声の、なべての人とは聞えぬ、『朧月夜《おぼろづきよ》に似るものぞなき』…（後略）」

「花宴」の巻にある朧月夜の君との出会いシーンである。意味はほぼこんなこと。宴が終わったあと、月が明々と上った美しい風情《ふぜい》を源氏は酔い心地に見過ごすのが惜しく、「みんな眠っていることだし、このようなときにはおもいがかなっていいことがあるかもしれない」と、藤壺のあたりを窺ったものの、戸口は堅く閉ざされていた。嘆く源氏だったが、それでもなお諦めきれずに、弘徽殿の細殿に立ち寄ってみると、三番目の戸が開いていた。女御は上の局に上がったので人の気配はない。見れば奥の枢戸も開いていて音もしない。「こんなことから、世の中の過ちは起こるものなのだ」と思った源氏が覗くと、なんとも若々しく美しい声の、並みのものとは思えない人が「朧月夜に似るものぞなき」と詠じながらやってきた〜。

その女「朧月夜の君」と源氏は奥で契《ちぎ》りを結ぶのだが、この奥がほかならぬ塗籠なのである。

かなり密室に近い寝所だから、源氏が思いを遂げるには恰好の場所だったのだろう。ここでの塗籠、聖域というよりは性域の趣ではある。

▼「方違え」「方忌み」

平安時代には陰陽道が盛んであった。その陰陽道の考え方に「方忌《かたい》み」「方違《かたたが》え」

というものがある。方忌みとは禁忌すべき方向・方角のこと、方違えは方忌みの方向にどうしても行かなければならないときにとられた方法である。

方忌みに関わる神は「天一神《なかがみ》」「太白神」「大将軍」「金神《こんじん》」「王相神」の五つ。たとえば、自分が行こうとする方角にこれらの神がいた場合、まっすぐそこに向かうのは神のいる方向に移動することとなって恐れ多いと考えられた。そこで、いったん別の方角にある知人の家などに行き、一泊してから目的地に向かう。こうして迂回することで目的地が禁忌の方角になることを避けるのが方違えだ。ちなみに、方忌みの方角でやってはいけないとされたのは、移動、嫁取り、井戸掘り、家屋の修理などであった。

方忌みという方角に対する禁忌が平安時代に広く守られていたことは、こんなことからもわかる。源氏物語のなかの光源氏もきちんと方違えに則った行動をとっているのだ。宮中に参内《さんだい》した源氏は、帰る方角に天一神がいたため、方違えをして中川にある紀伊の守の屋敷に滞在する。そこにいたのが空蟬《うつせみ》、紀伊の守の妻である。一目で空蟬を気に入った源氏は何度となく、方違えに紀伊守の屋敷を利用する。そんな折、紀伊の守が任国に出向き、留守宅は空蟬をはじめ、女子供だけとなった。この機に乗じ、屋敷に忍び入った源氏は空蝉の寝所に忍んでいく。が、空蝉はその気配を察してそこから逃れてしまうのである。

　そんなこととは露知らない源氏は、寝所で寝ていた女を抱きしめるのだが、様子から空蝉ではないことを察する。そこにいたのは空蝉の継娘の軒端《のきば》の萩《はぎ》だったのだ。が、そこで怯《ひる》む源氏ではない。結局、軒端の萩を掻き口説いて、これまた契りを結んでしまうのである。塗籠、方違えといった時代の禁忌も、源氏にかかっては形なしといったところなのだ。

　大阪府堺市にはその名も「方違《ほうちがい》神社」がある。八十《やそ》天万魂神《あまたよろずみたまのかみ》、素盞鳴命《すさのおのみこと》、三筒男大神《みつつおのおおかみ》、息気長足姫命《おきながたらしひめのみこと》を祭神とするこの神社は、崇神天皇の代の創建とされる。摂津、河内、和泉の三国の境界にあたり、どこの国にも属さない三国ケ丘に建つことから、ここは方位の影響を受けないと考えられ、方位がもたらす凶を振り払う御利益があるといわれている。

　そのはじまりは、神功皇后が三韓征伐から凱旋した折、この地で天神地祇を祀《まつ》って皇軍の方災除を祈り、謀反人《むほんにん》の忍熊王《おしくまのおう》を打ち破ったことにあるとされるが、方違えという考え方が広まってからは、その代替としてこの神社への参拝が行なわれた。

神社に参拝した後、目的地とは違う方角に一歩踏み出し、そこから境内に戻って改めて目的地に向かうというのが〝簡易方違え〟の方法だったという。

▼鬼門

方位の禁忌としてよく知られるのが「鬼門《きもん》」だ。その由来については諸説がある。中国最古の地理書とされる『山海経』にある説話がもとになっているというのもその一つ。中国の東方に度朔山《とさくざん》という山があった。山の上には三千里にも枝を張り伸ばした桃の木があり、北東の隅にあたる枝は門のような形をしていた。そこはさまざまな鬼が出入するため鬼門と呼ばれたが、神荼《じんだ》、鬱塁《うつるい》という名の兄弟の神が鬼の検閲にあたり、悪鬼がきたときは葦の索で縛り上げ、虎に食わせた。そのため度朔山は平穏を保てたというのが、その説話だが、北東の方位を鬼門と呼ぶようになったのは、これに由来するというのだ。

一方、歴史に起源を求める説もある。紀元前三世紀から紀元後五世紀にかけて、中国の北東に匈奴《きょうど》という騎馬民族がいて猛威を奮っていた。匈奴はたびたび中国を襲い、殺戮《さつりく》や略奪を繰り返した。そこで、鬼のような匈奴が襲ってくる北東の方角を中国の民は忌み嫌ったというのだ。匈奴を中国がいかに脅威に感じていたかを示すのが、秦《しん》の始皇帝《しこうてい》が築いた万里の長城である。延べ二八〇〇キロにもおよぶ、長大な城壁は匈奴の攻撃から国土を防衛するためのものだったとされる。

▼南西は裏鬼門

北東が鬼門（表鬼門）とされたのに対して、南西は裏鬼門としてやはり怖れられた。南西からは農耕にとって重要な時期である春から秋にかけて季節風や偏西風などが激しく吹きつけ、農作物や家屋を荒らした。災害をもたらすそれらの自然の脅威を怖れ、忌み嫌ったところから、南西は裏鬼門とされたという説もある。

日本には奈良時代に陰陽道とともにこの考えも伝わったとされるが、鬼門を尋常ならざるほどに恐れたのは桓武《かんむ》天皇であった。自身が即位する過程で、井上内《いのへ》親王、他戸《おさべ》皇子母子の〝呪い疑惑〟による幽閉、憤死事件が起き、その祟《たた》りから か疫病が流行《はや》り、みずからも病魔に侵されるなど、身近で数々の異変を目のあたりにしてきた桓武天皇だけに、災禍をもたらすものについては人一倍敏感だったようである。

平城京から長岡京、さらに平安京へと遷都《せんと》を繰り返したのは、政治的な意味合いばかりでなく、怨霊《おんりょう》の呪いから逃れたかったからではなかったか。

平安京を置いた地も陰陽道の自然観によるもの。北に山、東に川、西に大きな道、南にひらけた湖水がある地が、陰陽道ではもっとも都にふさわしいとされた。北に船岡山、東に鴨川、西に山陰道、南に巨椋池《おぐらのいけ》がある平安京の位置はその条件をすべて備えていたのだ。

のちには、四神相応の地という考え方がもたらされて、東西南北それぞれの方位には、そこを守る四神が棲むとされ、平安京では船岡山には玄武《げんぶ》（亀と蛇が合体した動物）、鴨川には青龍、巨椋池には朱雀《すざく》、山陰道には白虎が棲んでいると考えられた。

御所《ごしょ》の北東（鬼門）は鬼門封じが行なわれた。周囲にめぐらされた塀の北東の角が欠けたようになっている〝猿《さる》が辻《つじ》〟と呼ばれる場所がそれで、上には御幣《ごへい》を持った木彫りの猿が祀られている。さらに御所から北東にあたる方角にも神社が建てられ、同様に鬼門封じが行なわれている。猿田彦《さるたひこ》神を主祭神とする幸神社、赤山大明神を祀る赤山禅院などがそれである。前者にも御幣を持った猿の木像があるし、後者にも本殿の屋根に猿が置かれている。猿は魔除けの象徴とされていたのである。

▼結界が張りめぐらされた平安京

あらゆるところに鬼門封じが施された平安京は、いわば結界を張りめぐらされた都であった。しかし、それだけでは心もとなかったとみえ、要所にはその時代最強の陰陽師を置いて、結界をより強固なものにした。のちに安倍晴明《あべのせいめい》も内裏《だいり》の鬼門にあたる場所に屋敷をかまえている。現在、晴明神社が建っているのはその屋敷跡だといわれる。

ちなみに、徳川時代にも鬼門封じは行なわれている。僧・天海による上野の東叡山寛永寺の創建である。寛永寺が建つ上野山は江戸城の鬼門にあたる。ここを京都比叡山に見立て、延暦寺に倣《なら》って寛永寺を建てることで江戸城に侵入する災禍を封じたというわけだ。

四　中世武士の禁忌

▼戦の前に女性と接触してはいけない

群雄割拠《ぐんゆうかっきょ》の戦国の世は武将たちの命のやりとりがさかんに行なわれていた時代である。首級をあげれば出世に繋がり、あげられればそこで人生は終焉するという、瀬戸際の日々を生きた戦国武将たちはさまざまな禁忌を強く意識していた。(5)もっとも象徴的なものは戦《いくさ》の前の「女性との接触」の禁忌である。『続群書類従』に収められている『兵将陣訓要略鈔』にはこうある。

「大将軍門出の時、女人に後せぬ事也。慎むべし。軍障碍は女人の交に過たる禁忌なし。五障の女人とてさはり災凶の誡、是第一の凶兆也。尤畏るるべき也。」

女人と交わること以上の禁忌はないというのだから、いかに女性が戦の妨げとされていたかがわかる。理由は女人が五障だからとしている。五障とは女性がなることができない五つの存在を示すもので、仏教の考え方だ。

以下は『法華経』の『提婆達多品』の記述である。

「女身は垢穢にして是法器にあらず。云何んぞ能く無上菩提を得ん。仏道は懸曠なり。無量劫を経て勤苦して行を積み、具さに諸度を修し、然して後に乃ち成ず。また女人の身には猶ほ五障あり、一には梵天王となることを得ず、二には帝釈、三には魔王、四には転輪聖王、五には仏身なり」

煩悩にまみれた女の身は、法（仏の教え）を受け入れることができない。どうして無上の悟りなど得られようか。仏にいたる道は遠く、はかりしれないほどの長きにわたって苦しい修行を積み、つぶさに諸度（六波羅蜜）を修めたのちに成れるものだ。また、女の身には五障といってどうしてもなれないものがある。一には梵天王、二には帝釈天、三には魔王、四には転輪聖王、五には仏である。

およそそんな意味だが、仏教による明らかな女性差別といってよい。こうした女性観から、命を失うかもしれない大事な戦に出立する前は、女性に触れることはまかりならぬ、とされたのである。

また、同じ『兵将陣訓要略鈔』にはさらに具体的に〝触れるなの禁忌〟の内容が「武将軍兵三日潔斎事」として記されている。

「良将勇士の法、三日清浄斎戒の後、敵国敵陣に向かうべし。三箇日の間は、妻妾に合宿すべからず。妊婦に衣装をはりぬう事をさせすべからず。産後三十三日間は、きる物に手をも触れさすべからず。その不浄を慎まずは百死一生の災殃に遭うべし」

戦に向かう前三日間は妻とも愛人とも褥をともにしてはいけないし、妊婦には衣装を縫わせてはいけない。また、産後三三日間は、着る物に手を触れさせてもいけない、というわけだ。妊婦や出産後の女性がことさらに不浄とされたのは、出産が出血をともなうものだからである。当時は、血は穢れとして忌避されたのだ。

むろん、女性が戦闘に参加することもなかった。戦陣、戦場は男の神聖な戦いの場であり、不浄なる女性がそこに足を踏み入れることは禁忌であった。もっとも、血気盛んな戦国武将のこと、長期にわたる戦の間、〝禁欲〟を貫いていたわけではない。小姓と呼ばれる美少年が相手をつとめていたことはよく知られている。織田信長における森蘭丸はその代表格だ。

▼書状に「四」は書かない

戦国武将にとっては数字の「四」も「死」に繋がることから強く禁忌とされた。書状にどうしても四をしるさなければならない場合は、「二」を重ねて「三」と書いたりしたとされる。

方角では「北」が忌避された。北は二人の人間がたがいに背を向けて立つ姿をあらわしていることから、(敵)に背を向けることを意味するからだ。「敗北」はまさしく、敵に負けて背を向けて逃げることである。また、北は「にげる」「そむく」とも読む。

『史記・魯仲連伝』にこんな一文がある。

「三戦三北、而亡地五百里(三たび戦い、三たび北げて、地を亡うこと五百里)」

三戦三敗と相成り、敗北した結果、五百里の領地を失ったということだが、北ははっきり「にげる」意で使われている。

戦に臨んで身につける兜や刀などの具足も北の方角を避けて置かれた。そのことを記した文献もみられる。

「一、具足を着する方、北面をいむべし」(『出陣日記』)

「北面にならぬように置なり。主君南面に御座あらば、南に向て置べし」（『伊勢兵庫守貞宗記』）

当然のことだが、これら戦国武将の禁忌は戦に〝勝利〟する、そのことのみを念頭に置いたものであった。

五　江戸庶民の禁忌

▼夫は入ってはならぬ「縁切り寺」

室町時代から江戸時代の禁忌として見逃せないのが「かけこみ寺」「縁切り寺」である。当時の夫婦関係は夫が圧倒的な権威を持ち、妻はその言に唯々諾々《いいだくだく》と従うしかない、というものだったようである。

妻に何の落ち度がなくても夫は一方的に「三行半《みくだりはん》」を叩きつけて妻を離縁するということが平気で罷《まか》り通っていたのである。妻側は夫が飲んだくれだろうと、いまでいうドメスティック・バイオレンスだろうと、ひたすら耐え忍び、自分から離縁を言い出すことはできなかったとされる。

そんななかで唯一、妻を保護する空間として機能していたのが、男子禁制のかけこみ寺・縁切り寺である。そこは妻にとっての安全地帯であり、夫にとっては手出しができない禁忌ゾーンであった。かけこんだ妻はそこで一定期間修行すれば、自分のほうからの離縁をすることができた。その権利を認めたのが「縁切寺法」である。(6)

よく知られたかけこみ寺・縁切り寺は二か所あった。一つは鎌倉の「東慶寺」。北条時宗の妻女・覚山尼《かくざんに》が時宗が没した翌年の弘安八年（一二八五年）に創建した尼寺である。覚山尼はこの寺の縁切寺法を定め、北条貞時を通じて勅許を得たとされている。

縁切寺法では東慶寺にかけこみ、三年間（のちに二年間に短縮）修行を積めば、妻の意思で離縁ができると定められていた。妻が門から寺内に入ったらもちろん、夜間などは髪に付けてきた簪《かんざし》や履いてきた下駄を寺内に投げ入れただけでも、かけこみは認められたようだ。

また、かけこんだ妻に対しては、寺役所と御用宿が、いまでいう〝調停役〟を務め、夫との話し合いの仲介をしたとされる。調停の結果、復縁したり夫が離縁状を書いたりするケースも少なくなかったという。夫が離縁状を書けば、その妻は寺で修行をせずとも、晴れて自由の身になれたのである。

東慶寺の代々住職には名門の息女が名を連ねている。五世住職となったのは後《ご》醍醐《だいご》天皇の皇女・用堂尼《ようどうに》だが、以来、寺は地名にちなんで松ケ岡御所と呼ばれた。

いずれにせよ、当時の男にとっては、まことに苦々しい存在だったのだろう。こんな川柳が残っている。

「松ケ岡　男の意地をつぶすとこ」

「みんなしていびりましたと松ケ岡」

二〇世住職には天秀尼がついている。父親は豊臣秀吉の子・秀頼、養母は徳川家康の孫・千姫という名門である。元和元年（一六一五年）、大坂城が落城した際、秀頼は自害し、嫡男の国松は八歳の身で六条河原で斬首《ざんしゅ》となったわけだが、家康は天秀尼には東慶寺に入ることを命じる。場所も江戸に近く、男子禁制のこの寺なら豊臣の残党と接触することもない、と考えたからしい。入寺のとき家康は天秀尼に「何か望みはないか」と尋ねたとされる。天秀尼はこう答える。

「開山よりの御寺法を断絶しないようしていただければ、これに過ぎたる願いはございません」

家康はその願いを聞き入れ、縁切寺法は江戸時代を通じて存続することになったのである。このとき天秀尼わずか七歳。栴檀《せんだん》は双葉より芳しを思わせるエピソードだ。

その天秀尼の〝器〟を証明したのが会津藩主・加藤明成をめぐる騒動である。この藩主、できが悪かったようで、家老の堀主水《ほりもんど》はたびたびその非道を諫めていた。が、行ない改まるどころか、明成は主水を恨み、やむなく主水は脱藩して高野山に逃れた。高野山は追っ手のおよばぬところとされていたが、主水は明成がつかわした追っ手に討たれてしまう。

その主水の妻子がかけこんだのが東慶寺であった。明成は天秀尼に妻子を差し出すよう要求する。が、天秀尼は一歩も譲らず、

「ここは男子禁制の寺。この寺に逃げ込んだ女を守るのが私の務めでございます」

と要求を突っぱね、幕府に直訴するのである。結果、加藤家は取り潰しとなるのだが、この一件以来、天秀尼が守る東慶寺は諸大名たちをさえ恐れさせる存在

になったという。

開山以来、六〇〇年近く縁切寺法を残しつづけた東慶寺も、明治政府によって明治四年七月にその法を禁じられることとなった。明治三六年には、男僧としてはじめて古川《ふるかわ》堯道《ぎょうどう》老師が住職に迎えられている。

▼千姫のかけこみ

東慶寺と並ぶかけこみ寺・縁切り寺が群馬県新田郡尾島町の「満徳寺」である。創建は新田義季、初代住職は義季の娘・浄念尼とされる。寺のある徳川（得川）郷は徳川家発祥の地ともされ、家康が覇権を握ってからこの地は御朱印地となり年貢《ねんぐ》を免除されている。

満徳寺と徳川家との縁も深い。家康の肝入りで、千姫が秀頼と離縁するため入ったのがこの寺なのだ。大坂城落城とともに命を断った秀頼であってみれば、みずから千姫を離縁することはかなわない。離縁が成立していなければ再婚もできない。そこで、千姫は縁切り寺に入るのである。もちろん、実際には乳母の刑部卿局が身代わりに満徳寺に弟子入りし、修行したのだが、そうして形式を整えたのち、千姫は本多家（本多忠刻）に輿入《こしい》れすることになる。この千姫の一件が満徳寺の寺格をいっそう高めることになったのはいうまでもない。

満徳寺ではかけこみがあると、次のような手続きがとられたようだ。

まず、境内にある寺役場の寺役人がかけこみ女の身元を改めた。お尋ね者、二度目のかけこみ、不義密通を犯した者などはこの身元調べで振るい落とされ、かけこみが認められなかったのである。かけこみが認められた者に対しては、離縁するか、復縁するかを夫との話し合いで決めるようすすめた。双方が離縁に同意すれば、夫の手で離縁状が書かれ、妻はすぐさま寺を出ることができた。復縁でも同様、寺に留め置かれることはなかった。

話し合いがものわかれに終わり、夫がどうしても離縁に応じないときは、寺が寺社奉行に申し出て、強制的に離縁させる方法がとられた。これは「お声掛り離縁」と呼ばれた。

お声掛り離縁では、妻は二五か月間、尼と同様の修行生活を送り、その後、寺が夫を呼び出して離縁状を出させ離縁成立となる。修行生活は送るものの、妻は尼僧になるわけではないから、剃髪《ていはつ》は免除されたようだ。

離縁状の文言《もんごん》はこんなもの。

「深厚之宿縁浅薄之事不有私、後日雖他嫁、一言違乱無之」

（しんこうのしゅくえんせんぱくのことわたくしあらず、ごじつたへかすといえども、いちごんいらんこれなし）

別れたのちは、再婚しても文句はいいません、というわけで離縁状には前妻に対する再婚許可状という側面もあったと思われる。

こうしてみると、場所の禁忌としてのかけこみ寺・縁切り寺は、この時代の虐げられた女たちの最後の砦《とりで》といった趣だが、離縁の実態はそれほど悲壮感の漂うものではなかったと見る向きもある。満徳寺資料館館長の高木侃《たかぎただし》氏は、離縁状（三行半）に必ず記されている「我等勝手ニ付《われらかってにつき》」という表現は、「夫の都合で離縁するものであり、妻にはなんら落ち度はない」という意味だとして、夫の妻への配慮もあったことを指摘している。[7]

さらに高木は「先渡し離縁状」の存在を、妻主導の離縁もあったことの証左として挙げている。これはぐうたら亭主に愛想を尽かした妻が、前もって夫に書かせておく離縁状で、「今度、何かあったら有無をいわせず離縁よ」という妻の最後通牒《つうちょう》のようなものだという。強い妻に離縁状を〝書かされる〟、ダメ夫もいたようである。

東慶寺、満徳寺は妻を守る禁忌ゾーンだったわけだが、他にも「縁切り観音」（群馬県太田市）、「縁切稲荷」（群馬県足利市）、「縁切薬師」（群馬県高崎市）、「縁切厠」（大阪持明院）、「縁切夜叉」（京都清水寺）なども、縁切祈願の対象は多い。

今も昔も、しつこい男性による女性の被害はあとを絶たなかったようである。

註

（1）竹中信常『日本人のタブー』講談社　一九七一　（2）J・G・フレーザー『宗教民俗学』誠信書房　一九六五　（3）池浩三『源氏物語　その住まいの世界』中央公論美術出版　一九八九　（4）『竹取物語』二巻　作者不詳　（5）小和田哲男『呪術と占星の戦国史』新潮社　一九九八　（6）（7）高木侃『三くだり半と縁切寺』講談社　一九九二

第三章　「見るな」「覗くな」の伝承

一 「見る」という意味

▼見られる文化

「見るなの禁忌」を考える前にまず、「見る」という行為がどのような意味を持っているのかについて簡単に見ていこう。

見るという行為には、二つの意味がある。一つはいうまでもなく、生物的、生理的な意味だ。見ることによる視覚的な認知。ものを認知するうえで、見るという行為は欠かせない。これは視覚を持っている生物に共通する。

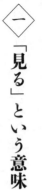

しかし、見るという行為が意味するのはそれだけではない。象徴的な意味、あるいは文化的な意味も、見るという行為にはある。

たとえば「冷ややかな視線」「やさしいまなざし」といった表現。これらは見るという行為が視覚的な認知とは別に冷ややかさ、やさしさといった心象を象徴的に表すものであることを示している。この象徴的、文化的な意味は民族や地域などによってかなり違ったものになる。

イギリス人やアメリカ人など、アングロサクソン系は、どちらかといえば見ることを避ける文化を持っているといわれる。一方、フランス人、イタリア人などのラテン系、そして、アラブ系は見ることを重視する文化といわれる。

パリのカフェでよく見られるのがこんな光景。道行く人はカフェにすわっている人たちを歩きながら見ているし、一方、カフェにすわっている人たちも道行く人たちの服装や歩き方などをしっかり観察しているのだ。パリジェンヌにとって念入りに化粧をし、香水をつけるのが常識となっているのも、「見る・見られる」ことが重視される文化のなかにいることが大きな理由と思われる。

この文化の違いを物語る話がある。(1)

アメリカ人のある女性の話だが、アメリカで育ち、いわば見ない文化のなかで生きてきた彼女がフランスにしばらく滞在することになった。渡仏当初はもちろん、アメリカの文化を引きずっているから、見ること・見られることに意識はなく、化粧や香水にもさして興味はなかった。だが、フランスでの生活が長くなるにつれ、自分に向けられる視線、まなざしに彼女は気づくようになったのである。

そこで何が起こったかは想像に難くない。現代の芸能においても、新人女優にはどこか垢抜けないところがあるものだが、しばらく女優の地位にいると見違えるように綺麗になる。その一番の理由は「見られている」自分を意識するからだといわれる。

パリに暮らすその女性も同じだった。彼女のバスルームの鏡の前には化粧品が並び、香水の瓶《びん》も置かれるようになったのである。アングロサクソン文化はラテン文化に侵食されたのだ。

これには後日談がある。フランス滞在を終えてアメリカに戻った彼女は、今度はラテン文化を引きずり、化粧をし香水も振りかける女性に変わっていた。ところが、である。彼女の周囲の男たちは彼女の変身を話題にさえしなかったというのだ。その後、彼女がラテン文化を断ち切ったかどうかは、寡聞《かぶん》にして知らないが、視線・まなざしは、かように文化を反映するものなのである。

▼攻撃性も持つ視線

さて、日本の場合だが、「見る・見ない」には多分にしつけの影響があるようだ。

人と話をするときに真っ向から視線を合わせる人と、目が宙を泳いだり地を彷徨《さまよ》ったりしてまったく合わせない人がいる。どちらになるかは、子供のころからのしつけによるところが大きいと思われる。

たとえば、子供のころ悪戯《いたずら》が母親に発覚して叱られることはだれにでもあるはずだ。母親のお小言が始まるのである。子供としては畳の目でも数えながら嵐の通過を待ちたいところだが、これを許すかどうかはいつも母親にかかっている。

「なに下を向いているの！　きちんとお母さんの目を見なさい」

こうなってはもはや畳の目を数えているわけにはいかない。母親の目に合わせながら、じっと叱責に耐えるしかないのである。叱られるときばかりでなく、何かにつけて「目を見て話をしなさい」としつけられてきた人は、長じても目を合わせるタイプになるのだろう。

目を合わせる、合わせないの違いは「コミュニケート」を望むか、望まないかの違いといえる。

目を合わせるのはコミュニケートしたい、あるいはしようとしているからだし、合わせないのはコミュニケートを避けたいことを意味している。

母親の「目を見て〜」もきちんとこちらのコミュニケートに応えなさい、ということを訴えているのである。

このように目を合わせる、相手を見るという行為は、たしかにコミュニケーションを成立させる重要な要素には違いないのだが、意味するところはそれだけではないのがやっかいだ。

たとえば、自然動物園などに行くと、一メートル以内では猿と目を合わせてはいけないと係員から注意される。一メートル以内の距離で目を合わせると、猿は跳びかかってくる。こちらの見る行為を「攻撃」と受け取り、応戦してくるというのである。猿に限ったことではない。人間社会でも見る行為が攻撃ととられることは多々あるのだ。

どうやら、象徴的な意味での見るという行為には「コミュニケート」と「攻撃」という相反する二つの意味があるようだ[2]。だから、こちらの意図を相手に誤解させないためには「見る作法」、つまり、まなざしのマナーが必要になる。それなしでは、恋人に向けた熱いまなざしが、いやらしい卑猥な目つき、さらには攻撃とさえ受け取られる危険だってないとはいえないのである。

「見るなの禁忌」も、こうした見るという行為の持つ多面的な意味を背景に成立している。それを踏まえたうえで検証する必要があろう。

二　神話のなかの「見るな」

▼「お産をする姿を見ないでください」

神話のなかに「見るなの禁忌」を探せば、最初に触れるべきはやはりイザナギ・イザナミの逸話だろう。前章で述べたが、死したイザナミを追って黄泉《よみ》の国に赴いたイザナギは見るなの禁忌を犯す。そこで明らかになったのはなんだったろう。腐乱したイザナミの死体である。しかし、イザナギを恐れさせ、嫌悪もさせたその姿こそイザナミの紛れもない正体なのだ。

つまり、見るなの禁忌によってイザナミは正体を白日の下にさらすことを免れている、さらすことから守られているという構図だ。

『古事記』『日本書紀』にはこの種の神話がいくつも見受けられる。豊玉姫命《とよたまびめのみこと》にまつわる話もそんな一つである。
天津日高日子番能邇邇芸能命《あまつひこひこほのににぎのみこと》と木花咲耶姫《このはなのさくやびめ》命には三人の男児がいた。火照命《ほでりのみこと》、火須勢理命《ほすせりのみこと》、火遠里命《ほをりのみこと》である。

火照命は別名を海幸彦《うみさちびこ》といい、海での漁に秀でていた。また、火遠理命には山幸彦の名があり、こちらは山での狩猟を得意としていた。ある日、山幸彦は兄の海幸彦にこんな提案をする。たがいの道具を交換して、自分は海で兄は山で獲物をとろうではないか、と。海幸彦は応じ、自分の釣り針を山幸彦に渡す。釣り針を手に山幸彦は海へ出、弓矢を手に海幸彦は山に入った。二人はそれぞれ山の幸、海の幸を獲得していった。しかし、そこで思わぬ事態が起きる。山幸彦が釣り針を波間に失ってしまったのだ。

ことのしだいを話し、兄に許しを請う山幸彦。だが、大切な釣り針をなくされた海幸彦は、許そうとはしなかった。しかし、無限に広がる海原で釣り針を探すことなど到底不可能、できるものではない。山幸彦は自分の剣を砕き、それを一〇〇〇本の釣り針につくりなおして兄に差し出すが、それでも兄の許しは得られない。

途方に暮れ、海辺に佇《たたず》む山幸彦。そこに波間から老人が現われ、塩土老翁《しおつつのをじ》と名乗って山幸彦に悲嘆に沈んでいる理由を尋ねる。山幸彦が経緯を話すと、塩土老翁は小舟をつくって山幸彦を乗せ、こう告げたのだ。

「このまま潮の流れにまかせていれば海神の宮に行ける。着いたら門の脇にある桂の木に登って待つのだ。海神《わたつみのかみ》の娘がやってきて相談に乗ってくれるだろう」

塩土老翁の言葉にしたがって桂の木に登って待っていると、海神の娘・豊玉姫命がやってくる。その美しさに魅せられた山幸彦だったが、豊玉姫命も彼の美貌に一目ぼれするのである。父神の許しを得て二人は結婚。山幸彦は海神の宮で暮らすことになった。

それから三年。山幸彦は自分がここにやってきた目的を思い出し、帰らなければならない、と妻に告げる。そのとき、すでに豊玉姫命の体内には山幸彦の子供が宿っていた。そこで、父神の許しを得た山幸彦は、鯛が飲み込んでいた海幸彦の釣り針と呪文、さらに塩満玉《しおみつたま》、塩乾玉《しおふるたま》という二つの玉を手にして地上に戻ってくる。

地上に帰った山幸彦は、授かった呪文によって海幸彦の国を貧しくしてしまう。怒った海幸彦は山幸彦の国を攻めるが、塩満玉で溺れさせられ、命乞いをするハメとなる。塩乾玉で助けられた海幸彦は、山幸彦への服従を誓うのだった。

やがて支配者となった山幸彦のもとへ、臨月を迎えた豊玉姫命の出産が迫ったとき、豊玉姫命は夫にこう伝えて、産屋に入った。

「どんなことがあっても決してお産をするときの私の姿を見ないでください」

だが、山幸彦は〝見たい〟という衝動に負け、産屋を覗いてしまうのだ。そこには八尋《やひろ》の鰐《わに》が出産の苦痛にもがく姿があった。山幸彦に出産現場を見られたことを知った豊玉姫命は、それを恥じ、夫を恨みながら赤子を残して海へと帰ってしまうのである。

だが、豊玉姫命も自分が産んだ赤子のことは気になる。そこで妹の玉依姫《たまよりびめ》命を地上につかわすのだ。この玉依姫命は、成長した赤子・鵜葺草葺不合命《うかやふきあえずのみこと》と結婚し、四人の子供を産む。その四番目の子供が神倭伊波礼毘古命《かむやまといわれびこのみこと》、のちの神武《じんむ》天皇だ。

この神話でも山幸彦が「見るなの禁忌」を犯したことで、豊玉姫命の正体が明らかになっている。つまり、見るという行為によって、鰐が豊玉姫命に変化《へんげ》していた力が奪われてしまっているのである。変化の力は、見られることで侵され無力化し、無残にも正体がさらされる結果となった。

つまり、見るという行為は、侵犯性を秘めている行為なのである。その侵犯性を封じ込めているのが見るなの禁忌であり、それを犯したとたんに、見る行為の侵犯性が顕在化し、相手の正体があらわれるのである。

▼鶴女房の「機織りを覗いてはいけない」

古くから伝わる昔話のなかにも「見るなの禁忌」をテーマにしたものが少なくない。もっとも広く知られるのは『鶴女房』だろう。地域によって話の枝葉には相違が見られるが、基本的な物語構成は同じ。

およそ次のような展開である。

貧しく、嫁取りもままならない男がある日、矢に射ぬかれた一羽の鶴を見つけ、矢を抜いてやる。助けられた鶴は大空に飛び立つのだが、しばらくたった夜（その夜になっていることもある）男の侘《わ》び住まいを美しい娘が訪ねてくる。娘は一夜の宿を請い、そこから男と娘の同居生活がはじまる。やがて二人は結婚して幸せに日々を暮らすが、貧しさはひどくなるばかり。そんな折、女房となった娘が機《はた》を織ることを申し出るのだ。が、それには一つ条件があった。

「私が機を織っているときは、絶対に覗かないでください」

というのがそれだ。

女房は三日三晩、部屋にこもり機を織り上げる。機のでき栄えはみごとなもので、男が街に売りに出ると驚くほどの高値で売れたのである。しばらくはその金で生活する二人だったが、やがてそれも底をつき、女房はまた機織りのために部屋にこもるのだった。疲れ果てた様子で女房が機を織り上げたのは四日目の夜。以前にもましてすばらしいでき栄えのその機を売って二人は生活の糧を得る。

そうこうするうちに男は女房がどのようにして機を織っているのかが知りたくなるのだ。そこで女房にいま一度機を織るように頼む。

「絶対に覗かないでください」

女房はいつもの言葉を告げて部屋にこもるのだが、男はもう好奇心を抑えきれなくなって、障子を少し開け女房が機を織るところを見てしまうのである。部屋に女房の姿はなかった。

そこでは一羽の鶴が自分の羽を抜いてはたを織っていたのである。驚く男に女房の姿に戻った鶴はいう。

「とうとう見てしまったのですね。私の本当の姿を知ってしまってはもう一緒に暮らしていくことはできません。私はあなたに助けていただいた鶴です。私の務めは終わりました。これでおいとまいたします」

ふたたび鶴の姿に戻った女房は空に帰って行ったのだった。

ここにも「見るなの禁忌」→「禁忌破り」→「正体露見」→「破局」という展開がある。見る行為によって、鶴（異類）が人間の娘に変化していた力は失われたのだ。

▼青森に伝わる「見るなの座敷」

「見るなの座敷」もさまざまな地方色に彩られている。ここでは青森県三戸郡に伝わるそれを『日本昔話大成』(3)から紹介しよう。

〈昔、よいお爺さんと悪いお爺さんが山里に住んでいた。

ある日よいお爺さんが大きな木をがきりがきりと伐《き》っていると、ところどころへ、きれいなお姫様が出てきて、爺様爺様、その木伐らねえで下さえ、その木伐られれば、私えの居所あなぐなるしけあ、それから、おらほの家さお出あて下さえといって連れていった。姫の家に行くと、酒の匂のするきれいな水が流れていた。ああよい気持ちだと思っていると、その水を盥《たらい》に汲んで、さあ足い洗って中さお入れあれといった。中に上がったらおいしい酒や肴を出してごちそうして、爺様爺様、私の部屋を見せるしけあ、お出であれと奥の方へ連れていった。ここは正月の部屋といって見せたところは、松竹に飾りが下がってあり、二月の部屋には梅桃桜の花盛り、三月の部屋にはお雛様というふうに、一二月の部屋まで見せて、爺様、私あ町まで買物に行ってきますから、この鍵おまえぇさ置いて行ぐあ、どの部屋見ても二月の部屋だげあ見なえで下さえと頼んで出ていった。爺さんはいわれたとおり二月の部屋だけは見ず、きれいな川になって流れている酒を酌んできては飲んで、留守番をしていた。

その後、爺さんは姫から土産に、飯でも汁でもおかずでもたちどころにできる篦《へら》を土産にもらって家に帰り、篦でつくった夕餉《ゆうげ》を仲よく婆さんと食べる。そこへ隣の悪い婆さんがやってくる。

隣の悪い婆さんは「火こたもれ」といって入ってきた。それで火こもたもるし、こあんつ食汁でも食べてござえとすすめると、今日あ、なしてこったらに、ごちそうあるえと聞くから、爺が山へ行って木を伐りお姫様に連れられていった話をすると、自分も家に帰っから、いやがる爺を山にやった。爺もよい隣の爺のようにしていると、お姫様が来て連れていき二月の部屋だけは見るなとかたくいいつけて出ていった。

そのあとで爺はそのいいつけを破って開けて見た。そうしたら、一羽の鶯《うぐいす》がおってほーほけきょと鳴いて飛んで出たと思ったら、そこはもとの野原の大きな木の下であった〉

爺さんが若者に代わったり、部屋が倉だったり、その数が四つ、五つに変わっていたりということはあるが、必ず「見るなの座敷（部屋）」が設定されおり、その禁忌を犯すことで屋敷の主の正体が鶯《うぐいす》であったことが明らかになり、鶯が飛び去るとそこは姫（娘）と出会ったときのもとの風景に戻ってしまうという話の流れは共通している。

なお、『浦島太郎』の物語も、竜宮城《りゅうぐうじょう》の乙姫《おとひめ》から歓待を受け、玉手箱を土産に地上に戻ったものの、開けてはならない玉手箱を開けたために、一瞬にして白髪の老爺になってしまうという話で、これらと同じ見るなの禁忌を扱ったものだといえる。

中国には日本に伝わっている「見るなの禁忌」の物語の原型とおぼしき話を集めた書物がある。

東晋時代の『捜神後記《そうじんこうき》』(4)である。尼僧の入浴時間が長いのを訝《いぶか》って思わず覗く、とそこには赤裸になって刀で腹を割き、臓物を掴みだし、首も手足も切り刻んでいる尼僧の姿があった、という『怪比丘尼《かいびくに》』。仕事に出ている間に煮炊きした夕餉が設えられているのを不思議に思った若者が、ある日、こっそり家を窺いそれが拾った法螺貝《ほらがい》が変化した少女の仕業だと知る。

しかし、少女は見られたことで去ってしまう、という『白水素女』などには、明らかに類似が認められる。

〈三〉古代天皇の儀礼

▼践祚大嘗祭の秘儀

践祚大嘗祭《せんそだいじょうさい》は新天皇が即位後はじめて行なう皇位継承儀礼である。また古代から天皇が毎年行なってきた儀礼に新嘗祭《にいなめさい》がある。折口信夫《おりくちしのぶ》によれば、新嘗は「贄之忌《にへのいみ》」(5)が語源で、贄（神の食べもの）を供する際に行なう物忌みを意味するという。新嘗祭では国家の安寧《あんねい》と五穀豊穣《ごこくほうじょう》を祈り、その年に収穫された新穀（稲）を天照大神に供え、ともに食するとされる。

現在、奥能登で行なわれている「アエノコト」と呼ばれる行事は、田の神を家に迎える行事で、一二月四～五日に行なわれる迎えのアエノコトと二月～三月に行なわれる送りのアエノコトからなっている。

践祚大嘗祭は天皇が一代に一度行なう新嘗祭である。しかし、天皇がどのような所作を行なうかは明らかにされていない。「秘儀」として「見るなの禁忌」の領域に封印されているのである。

『延喜式』（九二七年）などにはおおまかな流れが記録されているが、それによると流れはこんなものらしい。即位の年の四月に悠紀《ゆき》国、主基《すき》国が占いによって決められる。占いは亀甲《きっこう》を使ったもので、それによって二国を決めることを「国郡卜定《こくぐんぼくてい》」と呼ぶ。大嘗祭を行なう年の八月に大祓《おおはらえ》を行ない、九月には悠紀国、主基国から稲を抜き取る。一〇月には天皇の禊《みそぎ》が行なわれる。大嘗祭を行なう大嘗宮は一一月のはじめに設営され、同月中の寅の日の鎮魂祭を経て、同月の中の卯の日の夜半から翌朝までが大嘗の儀となる。その後、辰の日の節会、巳の日の節会、豊明節会が行なわれて、壮大な神秘の儀式は終了する。

大嘗宮は黒木でつくられた悠紀殿、主基殿からなり、天皇ははじめ悠紀殿、ついで主基殿で秘儀を行なう。前述のようにその中身はわからないが、そこには天照大神が降臨しており、天皇は天照大神と初穂をともに食し、天照大神の子として再生するための所作を行なうようである。

▼なぜ見てはならないのか

大嘗の儀が秘儀とされたのは、いうまでもなく、視線を遮断する、つまり、見るなの禁忌の領域に置くことによって、神秘性を高め、呪術的な力の存在をきわだたせるためである。見るという行為の侵犯性によって、それらが減じられたり、聖性が損なわれては神と一体となる神聖な儀式は成り立たないのだ。

『延喜式』によれば、かつての大嘗祭では吉野の国栖《くず》が吉風《きっぷう》を、悠紀国、主基国の国司《こくし》が国風をそれぞれ奏したという。

また、美濃《みの》八人、丹波《たんば》二人、丹後《たんご》二人、但馬《たじま》七人、因幡《いなば》三人、出雲《いずも》四人、淡路《あわじ》二人の語り部のなかから一五人が選ばれて古詞を奏《ことほ》したとも記されている。各国の代表がこぞって天皇への忠誠を誓い、即位を寿《ことほ》ぐという意味合いからであったろう。

ちなみに、践祚大嘗祭が新嘗祭から切り離されて執り行なわれるようになったのは天武天皇の時代からとされている。『日本書紀』天武紀五年九月二一日の条《くだり》にはこうある。

「新嘗のため国郡を占るに斎忌《ゆき》は即ち尾張《おわり》国山田《やまだ》郡、次《すき》は丹波《たんば》国訶沙《かさ》郡並びに卜《うら》に食《あ》へり」

斎忌は悠紀のこと、次は主基のことで、大嘗祭に供される稲穂を献上する国のことである。

もっとも、郡が設置されたのは大宝律令《たいほうりつりょう》によってであり、それ以前の天武の時代に「国郡卜定」が行なわれていたことを示すこの記述はおかしいとする指摘もある。

四 「見るな」の伝承

▼丑の刻参り

白い着物をまとい、髪はふり乱し、白粉《おしろい》を塗った顔に濃い紅を引き、歯には鉄漿《おはぐろ》。頭にかぶった鉄輪《かなわ》の三本の足には蝋燭《ろうそく》を立て、胸に鏡をかけ、口には櫛《くし》をくわえる…。なんともおどろおどろしい姿だが、これがイメージ化された丑《うし》の刻《こく》参りのいでたちである。向かうは寺社の神木《しんぼく》。そこに恨み骨髄の相手をかたどった藁《わら》人形を五寸釘で打ちつけること七日間。その間、決して人に見られてはいけない。七日目の帰り、道に寝そべる黒い牛を乗り越えると、呪いは成就するという。

丑の刻はいまでいえば、深夜の一時〜三時。とうに人気《ひとけ》の絶えた時間帯だ。人の目に触れたら相手を呪い殺す力は得られないこの呪詛《じゅそ》法は、やはり丑の刻でなければならなかった。丑の刻ならば「見るなの禁忌」が守られやすい。呪いの力は密《ひそ》かに、だが確実に七日間で蓄積されていく。丑の刻参りをする人間にとって漆黒の闇こそが自身の呪力をそのなかに閉じ込める〝結界〟だったのかもしれない。

丑の刻参りの舞台といえば、京都の貴船《きぶね》神社が知られる。平安時代にはここが呪詛神信仰の対象となっていた。そこから丑の刻参りに繋がっていく過程には『平家物語』剣の巻にある『宇治の橋姫』伝説が大きく与《あずか》っている。(6)

時は嵯峨《さが》天皇の時代、嫉妬深い公家《くぎ》の娘がいた。嫉妬のあまりこの女が貴船神社への丑の刻参りをするのである。七日間、社《やしろ》に籠った女はこう祈願する。

「帰命頂礼貴船大明神、願はくば七日籠りたる験《しるし》には、我を生きながら鬼神に成してたび給へ。妬しと思ひつる女取り殺さん」

明神は女を哀れと思い、託宣を下す。

「誠に申す所不便なり。実に鬼になりたくば、姿を改めて宇治の川瀬に行きて三七日浸るべし」

女は喜び、都に帰って姿を改めるのだが、それが鬼気迫るもの。長い髪を五つに分けて五つの角をつくり、顔には朱をさし、身には丹《たん》を塗り、鉄輪を頭に載せて三つの足に松明《たいまつ》を燃やし、口にも松明をくわえる、というのだから、まさに丑の刻参りの原型。大和大路を南に走り去る女の姿を見た者は肝を潰し、倒れ伏したのも宜《むべ》なるかな。

女は宇治《うじ》川の川瀬に三七日浸かり、生きながら鬼になる。これが宇治の橋姫である。鬼と化した女は恨みある人間たちを次々に取り殺す。

「妬しと思ふ女、そのゆかり、我をすさむ男の親類境界、上下をも撰ばず、男女も嫌はず、思ふ様にぞ取り失ふ。男を取らんとては女に変じ、女を取らんとては男に変じて人を取る」

丑の刻参りの御利益、恐るべしだ。

室町時代には、丑の刻参りを題材にした謡曲『鉄輪《かなわ》』が完成している(7)。

自分を捨て後妻をもらった夫を妬み、女は貴船神社に丑の刻参りをする。満願を迎えた七日目の夜、神社の巫《みこ》は奇妙な夢を見る。女に鬼になる作法を告げよというのだ。巫はこう告げる。

「家に帰り、赤い衣をつけ、顔には丹を塗り、頭には鉄輪を戴き、三つ足に火を灯し、心に怒を持つならばたちまち鬼神となることができよう」

かくて女は恨みの鬼になるのだ。一方、夫は毎日のように悪夢にうなされたため、陰陽師《おんみょうじ》・安倍晴明《あべのせいめい》のもとを訪ねる。晴明はその卜占《ぼくせん》の験力により、たちどころに、悪夢は女の深い恨みがもたらしたものであり、夫の命も今夜限りであることを見抜く。が、夫の懇願で祭壇に等身の茅《かや》の人形、五色の御幣を飾り、一心に祈祷する。そこへ女が生き霊となって現われるのである。

夫の人形に向かって恨み言を叩きつけ、後妻の人形を打ち、生き霊が夫を取っていこうとするそのとき、祭壇に祀られた三十番神が現われる。それで生き霊の力は失せ、目には見えない鬼となって消える。

能舞台で演じられる『鉄輪』が衝撃を持って受け止められたことは想像に難くない。丑の刻参りは一気に呪詛法として広まったのだろう。もっとも、宇治川の橋姫伝説にも鉄輪にも、藁人形、五寸釘は登場していない。それらが丑の刻参りの作法に取り入れられ、一般に知られている形として整うのは、江戸時代のことだったようだ。

▼上賀茂神社の御阿礼祭

京都・上賀茂神社は賀茂別雷神《かもわけいかづちのみこと》を祀る神社である。賀茂別雷神の母親は玉依姫命《たまよりひめのみこと》。玉依姫命は賀茂川の上流から流れてきた丹塗《にな》りの矢を拾って懐妊するのだが、身ごもったのが賀茂別雷神。父親は乙訓《おとくに》神社の火雷神とされている。(8)

この上賀茂神社で行なわれるのが「御阿礼《みあれ》祭」だ。みあれとは誕生の意味。神を誕生させる（迎える）のがこの祭である。神は神社の北西にある御生野に設けられた祭場から神社の本社に迎えられる。弘仁元年（八一〇年）には嵯峨《さが》天皇の皇女・有智子《うちこ》内親王が斎王《さいおう》となり、下鴨神社、上賀茂神社が一体となって祭が執り行なわれた。斎王とは天皇に代わって神に仕える女性のこと。これが賀茂祭でのちに葵祭《あおりまつり》と呼ばれるようになる。

祭は「神を迎え」「神へのもてなし」を行ない、「神を送る」という流れで進むが、現在の葵祭では「上賀茂神社の御阿礼祭」「下鴨神社の御蔭祭」が神迎えの神事、下鴨神社、上賀茂神社の「本殿祭」が神をもてなす神事とされている。

祭は五月四日の「斎王御禊」からはじまり、一二日の「御阿礼祭」「御蔭祭」、一五日の「路頭の儀」「社頭の儀」とつづく。

斎王御禊は文字どおり、斎王が祭を執り行なうのに先だって鴨川で禊をする儀式だが、いまは斎王そのものが存在しないため、斎王代によって行なわれる。かつての斎王御禊では、紫野斎院に暮らす斎王が斎院から堀川小路を南に下り、一条大路を東にとって鴨川に到着。禊を行なったとされる。斎王代による現在の儀式は下鴨神社と上賀茂神社で一年おきに行なわれている。

一連の祭のなかでもっとも神秘に彩られているのが御阿礼祭だ。五月一二日の夜に行なわれるこの神事は、いまもって秘密のヴェールに包まれたまま。いっさい公開されない。上賀茂神社の北にある神山と神社の間に御阿礼所を設け、そこに神を迎えるということのようだが、所作の詳細は不明の秘祭。「見るなの禁忌」が営々と生きつづけている。

一方、下鴨神社に神を迎える御蔭祭は公にされている。神を迎える人々は下鴨神社から御神宝を持ち、行列をなして御蔭神社へと向かう。この間、雅楽(通楽)が奏される。御蔭神社に到着すると、そこにいます神を箱に移す神事が行なわれ、一行は神とともに下鴨神社に戻り、神馬《しんめ》に乗った神を本殿に迎える。神が乗っている部分に「錦蓋」と呼ばれる覆いがかけられ、視線を遮断するのは、この祭にも「見るなの禁忌」が残されていることの証左だろう。

闇は視線を遮り、対象物を封印する。その闇のなかで行なわれる奇祭が「くらやみ祭」である。代表的なくらやみ祭は京都府宇治市の県《あがた》神社、東京都府中市の大国魂神社などで行なわれているそれであろう。木花開耶姫命を祭神とする県神社では六月六日夜から七日未明にかけてくらやみ祭が繰り広げられる。祭の主役は梵天《ぼんてん》。奉書紙を切った御幣を一六〇〇枚も束ねて竹の先に挟み込んだもので、形状はさながら大きな葱坊主《ねぎぼうず》といったところだ。重さ六〇キロほどの梵天は神輿《みこし》に載せられ、深夜、お旅所から県神社まで渡御《とぎょ》する。その間、周囲の灯はすべて消され、梵天神輿は闇のなかを進むのである。

県神社に到着すると、本殿で梵天に神を移す渡御の儀が行なわれ、ふたたびお旅所へと取って返す。これで祭は終了となるのだが、その後、梵天は今一度、県神社に運ばれ、そこで遷幸祭が執り行なわれる。この神事はだれの目にも触れることはない。

大国魂神社のくらやみ祭が行なわれるのは五月五日。神社から大太鼓に先導されて八基の神輿がお旅所まで渡御し、そこで神輿に神が移される。渡御はやはり闇のなかで行なわれ、神が移された神輿は町内を練り歩いて大国魂神社に還る。

暗闇のなかで渡御が行なわれるのは、むろん、神が人々の目に触れないためだ。もっとも、暗闇は人々にとっては性の解放のためでもあったようだ。祭の日は無礼講とされ、民衆は奔放に解放された性を享受したとされる。なお、現在は祭を行なう時間帯が変わったり、灯がともされるようになったりと、くらやみ祭も本来のものとはかなり様変わりしてきている。

▼三種の神器

日本各地に鎮座する大小神社には「御神体《ごしんたい》」がまつられている。それは「鏡」であったり、「剣」や「石」、「木」であったり、と形はさまざまだが、いずれも祭祀の対象となる存在である。御神体は「御霊代《みたましろ》」とも呼ばれる。御霊代は「御霊」の依代《よりしろ》、つまり、御神霊がそこに宿る場所の意である。したがって、御神体そのものが御神霊というわけではなく、それが降りて依り坐すがゆえに聖なる存在とされるのである。

日本でもっともよく知られる御神体は「三種の神器」だろう。「八《や》咫鏡《たのかがみ》」「八《や》尺瓊勾玉《さかにのまがたま》」「草薙剣《くさなぎのつるぎ》」がそれだが、八咫鏡は伊勢《いせ》神宮の、草薙剣は熱田《あつた》神宮の、それぞれ御神体とされている。三種の神器は天孫降臨《てんそんこうりん》の際、地上に降りる邇邇芸《ににぎの》命《みこと》に天照大神が与えたものとされている。八咫鏡は天の金山の鉄を採り、鍛人《かぬち》天津麻羅《あまつまら》を呼び寄せ、伊斯許理度売命《いしこりどめのみこと》によりつくられた明鏡といわれるが、これが登場するのは天照大神が天岩戸に隠れたときである。

須佐之男命《すさのをのみこと》の乱暴に怒った天照大神は天岩戸に隠れてしまう。天照大神がいなくなった地上は闇に覆われ、邪神が騒ぐ声が世界に満ち、神々は恐怖におののく。なんとか天照大神を岩戸から引き戻す方策を考えた神々は、岩戸の前に供え物を置き、枝に勾玉を飾った樹木を植え、篝火《かがりび》をたいて踊る。そのとき天宇受《あめのうずめ》売命《のみこと》がつけたのが八尺瓊曲玉とされる。神々のはやし立てる声、にぎやかな気配を訝った天照大神は岩戸を少し開け、どうしてそのように笑い、楽しげにしているのかを尋ねる。神々は、

「あなたよりも貴い神が現われたので、私どもは喜んでいるのです」

と答え、八咫鏡を天照大神に向けるのである。そこに映った自分の姿を貴い神

と勘違いした天照大神は、さらによく見ようと身を乗り出す。その瞬間、力の強い天手力雄命《あめのたちからおのみこと》が岩戸を一気に開き、天照大神を引き戻すことに成功。地上はふたたび光に満たされることになったのである。

もちろん、これは神話で実際の八咫鏡がいつ、どこでつくられたのかは定かではないが、垂仁《すいにん》天皇の時代に伊勢に安置され、御神体になったとされる。(9)

草薙剣は「天叢雲剣《あまのむらくものつるぎ》」と呼ばれ、須佐之男命が八俣大蛇《やまたのおろち》を退治したときに、その尻尾《しっぽ》から出てきたものといわれている。その草薙剣が熱田神宮の御神体になった経緯は『古事記』にこう伝えられている。

日本武尊《やまとたけるのみこと》は父である景行天皇から東国討伐の命を受ける。討伐に赴く際、日本武尊は伊勢神宮に参拝し、そこで斎王を務めていた倭姫《やまとひめ》から草薙剣を授けられる。東国を平らげ尾張国に戻った日本武尊は、同国の国造《くにのみやっこ》の娘・宮簀姫《みやずひめ》を娶《めと》る。その後、日本武尊は伊吹山の邪神を退治しに出かけるのだが、邪神の毒気に冒されて病に倒れ、やがて命を失ってしまう。嘆き悲しんだ宮簀姫は熱田の地に神社を建て、日本武尊から預かっていた草薙剣をそこに祀った。

草薙剣については『尾張国風土記』にも記述がある。それによると、ある夜、日本武尊は草薙剣が輝きを放っているのを見る。その神々《こうごう》しさに神の力を感じた日本武尊、は宮簀姫に「この剣を祀って私の御影とせよ」と告げ、宮簀姫はその言葉にしたがって夫の死後、神社を建てて草薙剣を祀ったというのだ。

草薙剣はその後、一時期、宮中に置かれたことがある。が、天武《てんむ》天皇の病気の原因がこの剣である、という卜占《ぼくせん》があったため、熱田神宮に戻されたと伝わっている。

八咫鏡にしろ、草薙剣にしろ、神社の御神体は「見るなの禁忌」に固く守られ、人々の目にさらされることはない。見られることによってその神聖性や霊威性が侵されることを忌むからであることはいうまでもない。

しかし、そのおおまかなところは推測されている。『皇太神宮儀式帳』(10)には、八咫鏡が納められている御樋代の直径が一尺六寸三分(約四九センチ)との記述があり、鏡もそれに近い直径を持つものと思われる。また、紋様については『伊勢二所皇太神宮御鎮座伝記』に「八頭花崎八葉形也」とある。

草薙剣に関しては、江戸時代に熱田神宮の宮司ら数人が「禁」を侵して見たという話も伝わっており、長さ約八〇センチで、変わった鉾型《ほこがた》をした白銅製の剣だったという。[11]

ところで、三種の神器の残り、八尺瓊勾玉の行方だが、これは宮中にあるとされる。八尺瓊の意味は「大きい」「長い」ということだから、大きな勾玉を長く連ねた装飾品と思われる。勾玉は神璽《しんじ》と呼ばれる箱に収められ、歴代天皇もこのなかを見ることはむろん、箱の塵を払うことも禁じられているという。

「神璽は青絹で包まれ、紫色の網緒で四方から結ばれている」と伝えるのは『花園院宸記《はなぞのいんしんき》』だが、確かなところはわからない。また、冷泉《れいぜい》天皇が緒を解いたところ、白煙が立ち上り、それを見た天皇は畏れを感じて手を止めたといった話もある。禁忌を侵すことを戒める逸話でもあろう。

なお、宮中には八咫鏡と同じつくりの鏡も置かれている。宮中の別殿、賢所《かしどころ》とも内侍所とも呼ばれる建物に祀られているのがそれで、そのため八咫鏡は内侍所とも称される。この鏡がつくられたのは崇神天皇の時代。

「内侍所は神鏡なり、八咫鏡と申す。正体は皇太神宮にいわい奉る。内侍所に座すは崇神天皇の御世に鋳替《いか》へられたりし御鏡なり」と北畠親房《きたばたけちかふさ》の『神皇正統記《じんのうしょうとうき》』[12]には書かれている。

▼日本各地にある秘仏

寺院に目を転じれば、そこにも「見るなの禁忌」に包まれて存在するものがある。「秘仏」がそれ。全国の著名な寺院の本尊とされるものには秘仏が多いが、代表的なのは東大寺《とうだいじ》二月堂《にがつどう》の「十一面観音像」、長野県善光寺《ぜんこうじ》の「阿弥陀如来像」、東京都浅草寺《せんそうじ》の「観音像」だろう。

東大寺二月堂の十一面観音像を見つけたのは東大寺の初代別当・良弁《ろうべん》上人の弟子であった実忠《じっちゅう》和尚だと伝わっている。[13] 実忠和尚は摂津の難波津《なにわつ》で、補陀洛山《ふだらくさん》に向かって香華《こうげ》を供えて勧請し、閼伽《えんか》折敷を補陀洛山のある方向に向けて海に流した。それから連日連夜、祈願をつづけること一〇〇日。その一〇〇日目に流した閼伽折敷に十一面観音像が載り、目の前に流れ着いたのだという。実忠和尚はそれを東大寺の羂索院《けいじゃくいん》（現二月堂）に安置し、以来、この十一面観音像は秘仏中の秘仏となった。寺僧さえも見ることは許されていないのである。

実忠和尚は天平勝宝四年（七五二年）から「十一面観音悔過の行法」を行なっている。現在の「修二会《しゅにえ》」、いわゆる「お水取り」である。伝説によれば、実忠和尚が十一面観音悔過の行を目にするのは、山城《やましろ》国の笠置《かさぎ》山にある龍が住むとされる洞窟で修行していたときだとされている。瞑想をつづけていた実忠和尚は、霊感を感じて洞窟の奥に踏み入っていった。四キロほども歩くと、突然、目の前が開け、輝きに満ち満ちた空間に出たのだ。そこは菩薩《ぼさつ》の住む兜卒天《とそつてん》であった。なかには四九棟の摩尼宝殿が並んでいた。実忠和尚は四九の摩尼宝殿を拝んで回り、最後に常念観音院にゆきついた。そこでは天人たちが十一面観音の悔過法要を執り行なっているところであった。

実忠和尚は菩薩にこう問いかける。

「このようなありがたい行法を、なんとか人間界に伝えることはできないでしょうか」

が、菩薩の答えはつれないものだった。

「それは無理というものです。兜卒天の一日は人間界の四〇〇〇年に当たります。しかも、この行法は難しい。人間には到底できるものではありません。また、本尊は生身の観音様でなければならないのです」

実忠和尚は諦めきれないまま、われに返り、洞窟の入口にいる自分に気づいたとされる。

難波津で閼伽折敷に載った十一面観音像と出会うのはその後のこと。それを生身の観音様と信じ、東大寺に安置した実忠和尚は、十一面悔過の行法を完成させ、毎年、二月一日から二一日間、その行法を行なったとされる[14]。以後、今日に至るまで一二五〇年余、この行事は受け継がれているのである。

現在、お水取りは二月二〇日から三月一五日まで行なわれるが、ここには多くの禁忌がある。

二月二〇日からは日常的に使っている火は使うことが許されず、食事や風呂にも別火が使われる。二六日からは総別火となり、土を踏むこともできない。また、畳の上にじかに座ることも禁じられ、蓙《ござ》を持ち歩き、すわるときは蓙を敷いてその上にすわらなければならない。お水取りを見る側も、女性は局と呼ばれる格子の外までしか入ることが許されない、といった具合である。

なお、東大寺にはほかに法華堂《ほっけどう》の「執金剛神像《しっこんごうしんぞう》」、開山堂の「良弁僧正像」、八幡殿の「僧形《そうぎょう》八幡神像」、勧進所の「五劫思惟阿弥陀如来像」など多くの秘仏がある。ただしこれらは絶対の秘仏ではなく、一定の期間を定めて御開帳される仏像である。

善光寺の本尊「阿弥陀如来像」も白雉五年（六五四年）以来の秘仏だ。しかし、鎌倉時代になって本尊の身代わりとなる「前立本尊」がつくられた。

これも通常は秘仏で見ることはかなわないが、七年に一度の御開帳の折だけ目にすることが許される。

前立本尊は光背の中央に阿弥陀如来像、右に観音菩薩像、左に勢至菩薩像が並ぶ姿をしており、御開帳のとき以外は御宝庫に安置されている。

浅草寺の秘仏・観音像が安置されたのは六二八年とされる。同年三月一八日未明、隅田川で投網《とあみ》をしていた漁師・檜前浜成《ひのくまはまなり》、竹成《たけなり》兄弟は網にかかっている一体の仏像を見つける。それがありがたい観音像であることに気づいたのは豪族の土《は》師直中知《じのあたいなかとも》であった。直中知は自宅を寺にして観音像を奉納し、供養に努めたという。これが浅草寺のはじまりである。

大化元年（六四五年）には、勝海上人が観音堂を建立《こんりゅう》し、夢のお告げによって本尊である観音像を秘仏と定めたと伝えられている。今日にいたるまで霊験あらたかなる観音様である。

▼「侵犯性」と「感染性」

これまで見てきたように「見るなの禁忌」は、見るという行為が持っている侵犯性、つまり、正体を暴いてしまうとか変化する力を奪ってしまう、あるいは聖なるものの聖性を脅かす、といったことに対する防御として成立している。しかし、見るという行為には別の側面もある。見ることによって、見たものに同化、あるいは感染するという側面である。この「感染性」も禁忌を生みださずにはいない。

日本の多くの地域で現在も言い伝えられている禁忌に「妊婦は火事を見てはいけない」「妊婦は葬式や野辺送りを見てはいけない」というものがある。理由は、前者は胎児を宿しているときに赤々と燃え盛る火事を見ると、生まれてくる子供に赤い痣《あざ》ができるからだとされ、後者は黒い痣ができるからだとされる。

むろん、医学的な根拠などないし、これといった因果関係も見当たらないのだが、長く禁忌として生きつづけている。

火事の「赤」、葬送の「黒」という禍々しいイメージが、見ることによって母体に感染し、生まれてくる子供の痣となって現出するというのが、これらの禁忌の依るところだが、不思議な説得力を感じさせもするのである。

この種の「見るなの禁忌」は、生活のなかにいくらも見つけることができる。

「葬列や霊柩車を見たら、親指を隠せ」

「墓場では後ろを振り返ってはいけない」

前者では親指を隠さないと「親の死に目に会えない」「親が早死にする」などとされ、後者は後ろを振り返ると「不吉な霊に取り憑かれる」といった言い方がされる。見ることによる「死霊」の感染を恐れるがゆえの禁忌といえるだろう。

▼秘仏の御開帳

見るなの禁忌によって視線を遮断された秘仏は、だれの目にも触れないという、まさにそのことで霊的エネルギー、呪術的なパワーを蓄積する。罰が当たることを承知で卑近な例を引けば、樽のなかに閉じ込められて、ワインが豊かに熟成していく構図である。

そのためにためた呪術パワーが一気に放出されるのが「御開帳」だ。特別な秘仏の場合を除いて、一般に御開帳というのは秘仏のパワーを示すための不可欠の儀式である。禁忌を解かれた秘仏が、常に視線にさらされている仏像に比して、数層倍、いやそれ以上の「ありがたみ」と信仰パワーを感じさせることは疑いをいれない。「秘仏御開帳」は、見る行為の侵犯性と感染性という二つの象徴的な意味をよく表わし、またよく活用している儀式なのである。

平成一五年（二〇〇三年）には清水寺《きよみずでら》奥の院の本尊「三面千手観音坐像」が史上初めて御開帳となった。高さ六四・三センチ、一木割矧《いちぼくわりはぎ》づくりの秘仏は、本面に三眼を持ち、左右の脇面の頭上に二四面を載せ、四二本の腕を有す。作者は慶派の仏師で、鎌倉時代初期のものと推定される。その見るなの禁忌期間がじつに二四三年に及ぶと聞けば、宗教に縁なき衆生《しゅじょう》も一目拝みたい気持ちになろうというものである。

清水寺では本堂の本尊「十一面千手観音像」も秘仏である。本堂内内陣にある須弥段《しゅみだん》中央の厨子《ずし》に安置されているこの秘仏も三三年に一度、御開帳（二〇〇〇年がそうだった）となる。

三三年周期のいわれは、観音菩薩は衆生の身に応じ、三三の身に姿を変えて救済する、と「観音経」に説かれているためだという。

前述した長野県善光寺の秘仏、前立本尊「阿弥陀三尊像」の御開帳は七年に一度。二〇〇三年がちょうどその年に当たったが、御開帳に際しては午前六時から本堂で「お朝事」と呼ばれる儀式が執り行なわれた。四〇人ほどの僧侶が読経《どきょう》するなか、大勧進から運ばれた厨子が開かれ、前立本尊が姿を現すのである。参拝客は未明から詰めかけ、その瞬間にはどよめきが上がるという。

その後、天台《てんだい》宗と浄土《じょうど》宗の僧侶が開闢《かいびゃく》大法要を営み、御開帳の開始を宣言。平成一五年（二〇〇三年）は四月六日から五月三一日までが御開帳の期間だった。

平成一四年（二〇〇二年）には京都・三千院《さんぜんいん》の秘仏「薬師瑠璃光如来像《やくしるりこうにょらい》」が御開帳（九月八日～一〇月八日）となっている。寺伝によれば、三千院は最澄が比叡山に根本中堂《こんぽんちゅうどう》を建立した際、東塔南谷の梨の大木の下に一宇《いちゆう》をつくったのがはじまりとされる。以来、一二〇〇年が経過するが、この秘仏の御開帳は史上初。直接、尊顔を拝した向きにはいかなる御利益があったものだろう。

いずれにしても、時に禁忌をといて「見せる」仕掛けをつくることで秘仏はいっそう輝きを増すのである。

▼市川團十郎の正月歌舞伎恒例の「睨み」

歌舞伎のはじまりは出雲《いずも》の阿国《おくに》が、京都四条河原《しじょうがわら》で歌舞を演じたことだとされる。その後、遊女歌舞伎や若衆歌舞伎などが登場するが、公序良俗に反するとの理由で幕府はこれらを禁じる。

当時はまだ「歌舞伎」ではなく、「かぶき」。つまり「かぶく（傾く）」精神から発した異端の芸能であった。歌舞伎の字が当てられるのはのちのことだ。

演劇性を重んじる現代に繋がる歌舞伎が産声《うぶごえ》を上げ、成熟していくのはそれ以降のことである。元禄時代には上方《かみがた》で「和事《わごと》」、江戸で「荒事《あらごと》」という基本形が確立する。歌舞伎に隆盛をもたらしたのは、人気役者たちだった。名優と称される役者はあまたいるが、市川團十郎《いちかわだんじゅうろう》は「大江戸の飾り海老」としてひときわ高い人気を誇った。初代は下総《しもうさ》国の出身、一四歳で坂田金時を演じ、代々のお家芸となる荒事を完成させたとされる。

以来、現在の一二代まで市川團十郎は、それぞれの時代の歌舞伎を担う屋台骨としての役割を果たしてきたが、得意とするのが、九代目が創案したといわれる「不動の見得」と呼ばれる〝睨《にら》み〟である。『勧進帳《かんじんちょう》』で團十郎演じる弁慶が勧進帳を読み上げ「天も響けと読み上げたり～」と不動の見得を切るシーンでは、「成田屋ぁ～」の声がかかるのが常。見せ場中の見せ場といえる。

正月公演では團十郎による、睨みの振る舞いが恒例となっている。「それではひと睨みぃ」と観客に向けて見得を切るわけだが、めでたい年のはじめの睨みは、「厄払い」と「御利益」の二つの意味合いを持っている。これも実は、見る行為の侵犯性と感染性という二つの象徴的な意味に裏打ちされて生まれた作法であり、芸能なのである。團十郎の秀でた芸に裏打ちされた睨みが災厄を祓い、同時に、観客は團十郎のパワーを受け取るというわけだ。

五　獄門さらし首

▼平将門はなぜさらされたのか

本来は見るべきでないもの、つまり、人々のなかで、ごく自然に「見るなの禁忌」が成立しているものをあえて見せる、意図的に人々の目にさらすという作法もある。

獄門《ごくもん》さらし道である。そこには見るという行為の持つ「侵犯性」への期待がこめられているようだ。斬った首を公開の場にさらす「梟首《きょうしゅ》」は古くから行なわれていた。

『日本書紀』崇峻《すしゅん》天皇即位前紀には、捕鳥部万《ととりべのよろず》の屍《しかばね》を八段（八つ）に切り刻んで八カ国にさらしたとの記述がある。

捕鳥部万は物部守屋《もののべのもりや》の資人《つかいびと》で、蘇我馬子《そがのうまこ》らが守屋を攻めた際、守屋の屋敷を一〇〇人の兵を率いて守ったとされる人物。だが、守屋は滅ぼされ、万は夜陰《やいん》に乗じて馬で逃れ、有真香邑《ありまかむら》の山中に潜む。そこで押し寄せる軍勢と戦い、天皇の楯として働いたという自身の正当性を訴えた万。だが、聞き入れられず、刀でみずからの首を刺し貫いて、その場で果てる。これが捕鳥部万の最期だが、その死の様子を河内国司が朝廷《みかど》に報告すると、朝廷から屍を八つに切り刻めとの沙汰《さた》が下るのである。首ばかりでなく、からだを切り刻まれ、撒き散らされたわけで、これは散梟《さんきょう》と呼ばれる刑とされるが、梟首の原型でもあろう。

『日本書紀』には、その後、万が飼っていた犬がその死を悲しんで吠え、首を掘出して古い墓に納め、その前で餓死したため、朝廷は哀れんで万の家族に墓をつくって葬ることを許した、ともある。

純然たる梟首、すなわち首だけを落としてさらした例としては、平将門《たいらのまさかど》の例があげられる。将門は鎮守府将軍・平良持、または良将の子とされるが、下総国で兵を挙げ、関東八カ国を平定《へいてい》する。天慶二年（九三九年）、みずからを新皇と称し、新王朝の成立を宣言した将門だったが、平貞盛《さだもり》、藤原秀郷《ふじわらのひでさと》らに攻められ、憤死するのである。その地は現在の茨城県岩井市の上出島あたりだとされる。(15)

これが世にいう「天慶《てんぎょう》の乱」、九四〇年のことだ。

将門の屍の首は斬り落とされ、京都に運ばれて四条河原で梟首にされた。当時、茨城県から京都までどのくらいの日数を擁したのか詳《つまび》らかにはしないが、将門の首は腐敗がすすみ、とても正視に耐えるものではなかったろう。それをあえてさらしたのは、謀反人《むほんにん》の末路の無残さを見せつけ、権力に逆らうことの愚かさを知らしめるためだったはずであることであろう。首を見た者は「謀反など起こすと、自分もこのようなめにあわされる」と深く心に刻みつける。まさに「見せしめ」

である。

しかし、首を人々の目にさらすということ、人々に見せるということにはもう一つの意味がある。

先の捕鳥部万の場合も、この平将門の場合も、いずれにも共通しているのは、その人物のもっている強力な武力や威力である。恐怖すべきそのパワーである。なんとか討伐はたしたが、その人物の恐ろしい威力が、ながく人々の記憶の中に残る可能性がある。また、同じような強力な反乱者が、連鎖的にいつまたあらわれるかも知れない。これを恐れた権力者たちがとった方法、それがさらし者である。首を人々の視線にさらすのである。そして多くの人々が見ることによって、その不気味なパワーを消してしまおうというわけである。

さらし首には見せしめの意味があると同時に、見る行為の侵犯性の応用という意味もあるのである。

平将門のさらし首は、おそらく、これが文献上、はじめて見られる梟首に関する記述であろうがそれには、さらに後日談がある。さらされた将門の首は三日後、白い光を放ちながら東の方角に飛び去ったというのだ。その折、しばらく天空にとどまった地点が将門岩だといわれている。比叡山四明岳の頂上にあるその岩から将門は都を睥睨《へいげい》し、天下を掌握する野望を抱いたとされる。

ちなみに、将門岩には王朝転覆を狙う将門の生霊が漂っている、と当時の都人は考えていたという。

比叡山の頂上に当たるそこは、都からちょうど鬼門の方角。そのことも生き霊の跋扈《ばっこ》を思わせることに与《あずか》っていたろう。事実、朝廷は浄蔵に命じて延暦寺で大威徳法の祈祷を行なっているのだ。そのおかげか、生き霊は将門岩に封じ込められ、将門の権力にも影がさし、ほどなく死を迎えるのである。

さて、飛び去った首は武蔵国豊島郡柴崎の地に落ちた。すると、大地は揺れ、太陽は陰り、あたりは闇夜のようになったという。恐れた村人は塚を築いて埋葬したと伝えられる。その首塚の場所は現在の東京・大手町（三井物産ビルの隣）。以前、神田明神があったところである。

だが、塚を築いて以降も将門の怨霊による災禍がたびたび起こった。そこで文保二年（一三〇七年）、真教上人が将門に「蓮阿弥陀仏」なる法号を与え、塚の前に塔婆《とうば》を建てて日輪寺に供養し、近くの神社にも霊を祀った。この神社が神田明神と呼ばれるようになったのである。怨霊も成仏《じょうぶつ》してか、その後は災禍も起こることはなかったという。

また、梟首された京都では、のちに空也《くうや》上人が将門の霊を供養したとされる。その地は梟首の前にしばらく首が置かれたとされる四条烏丸《からすま》のあたりで「空也供養の道場」と呼ばれた。現在、そこには祠《ほこら》が残っており、「膏薬《こうやく》道場」といわれている。空也供養の道場が訛《なま》ったものだ。

▼藤原信西の首

平安時代の律令官制の一つに刑部省《ぎょうぶしょう》という官衙があり、その配下に囚獄司が設けられていた。囚人や獄舎を担当する役所である。獄舎は左京と右京にそれぞれ置かれ、左獄（東獄）、右獄（西獄）と呼ばれた。獄舎の門の脇には楝《おうち》の木（栴檀《せんだん》）があり、罪人の斬られた首は矛《ほこ》に刺されて都大路《みやこおおじ》を引き回されたのち、その楝の木にかけられ人々の目にさらされたのである。梟首を獄門と呼ぶようになったのは、このことに由来する。

「栴檀は双葉より芳し」の言葉もあるように、焼くと芳香漂う楝の木は、五月の節句に邪気を払うものとして使われていたが、それが一転、首をさらす木になったのはどういう理由からだろうか。一説には「棟（あふち）」が「遭う血」に繋がることからともされるが、確かなところは不明だ。

獄門の棟の木には多数の首がさらされたが、藤原信西《ふじわらのしんぜい》もその一人である。

政権を握っていた貴族に代わって武士が台頭する契機になったのが保元《ほげん》・平治《へいじ》の乱である。対立していたのは崇徳上皇《すとくじょうこう》と後白河《ごしらかわ》天皇。崇徳側についたのは藤原頼長《よりなが》、源為義《みなもとのためよし》、為朝《ためとも》、平忠正《ただまさ》など。一方、後白河側には藤原忠通《ただみち》、源義朝《よしとも》、平清盛《きよもり》らがいた。保元元年（一一五六年）七月一一日未明、ことを起こそうと謀《はか》り、集結していた為義、為朝らの集結場所に、義朝、清盛勢が奇襲をかけて制圧。戦いは数時間で決着したと伝えられている。破れた崇徳側の藤原頼長はこのとき戦死。為義、忠正は処刑され、崇徳上皇は讃岐《さぬき》に流された。

この保元の乱のあと最高実力者となったのが後白河天皇の側近、藤原信西である。信西は早くから後白河天皇（当時は皇子）に仕え、そのもとで権勢を恣《ほしいまま》にしていく。そんな信西を排除しようと機会を窺っていたのが藤原信頼《のぶより》、源義朝であった。信頼、義朝勢は信西側の平清盛が熊野詣のため京都を離れた隙に御所を急襲して後白河上皇と二条《にじょう》天皇を幽閉し、信西をなきものにする。が、熊野から取って返した清盛が二条天皇を奪還し、信頼、義朝勢を一掃する。平治元年(一一五九年)の平治の乱である。

『平治物語』によれば、信西最期の様子はこんなものだったようだ。

従者四人とともに京都から逃れ、山城《やましろ》国綴喜郡田原荘信楽ガ峰にいた信西は、御所に火がかけられ、信西の宿所も焼き払われたことを知る。そこで、信西は死を決意し、四人の従者に穴を掘らせてなかに入り、自害するのだ。このとき、四人の従者には法名を与えたとされる。

信西の行方を探しにきたのは、源光泰という武士である。

光泰は土に埋まった信西を発見するのだが、その際、信西にはまだ息があったとも、すでにこと切れていたともされている。

「いまだ目もはたらき息もかよひけるを、首を取りてかへりける」

「自害して被埋たる死骸あり。その首をきりて奉りけるなり」

資料によって、こうした二つの表現があり、まだ目も見え、息もしているところを首を斬ったのか、すでに死んで埋まっていた屍から首を斬って持ち帰ったのか、定かではない。

いずれにしても、信西の首は光泰によって京都に運ばれた。光泰の宿所、神楽岡で首実検をしたのは藤原信頼と検非違使別当《けびいしべっとう》・藤原惟方《これかた》だとされる。むろん、信西の首に間違いはない。首は検非違使・源資経に渡され、さらされることになった。

信西のさらし首を見るために京都の人々は市をなしたという。仇敵の信頼、義朝も見物に赴くのだが、突然、晴れ渡っていた空がかき曇って星が瞬き、信頼、義朝の車の前を通った首は頷いたとされている。それを見た人は「いまに敵を滅ぼすだろう。恐ろしいことだ」といったとある。

▼江戸時代の獄門

獄門さらし首は、鎌倉時代になると刑名だけとなり、実際には行なわれなかったようだ。また、室町時代には柱と横木からなる頸台に斬った首を刺すということが行なわれていたとされる。

江戸時代の刑罰を定めているのは、徳川吉宗の時代、寛保二年（一七四二年）に編纂された『御定書百箇条』である。それによれば、死刑の対象になったのは「殺人」「主人に対する傷害」「放火」「窃盗」「関所抜け」などであった。もっとも、罪の程度によって死刑を免れることもあり、たとえば窃盗では、一〇両以上を盗むと死刑とされたが、それ以下なら「入れ墨」や「遠島（島流し）」といった処罰が下された。

死刑の方法は六種類あった。「鋸挽《のこぎりび》き」「磔《はりつけ》」「火罪（火あぶり）」「死罪」「下手人（解死人）」、そして「獄門」である。それぞれ具体的な処刑法は以下のようなものだった。

・鋸挽き……引き回しをしたうえ、罪人を入れた箱（三尺×七尺）を地中に埋め首から上だけを出す。首には首枷《くびかせ》をつけ、竹製の鋸を置いて、だれでもそれで首を挽いてよしとする。鋸挽きの状態でさらされるのは三日間で三日後には磔になった。

・磔……罪人を十字に組んだ角材に縛りつけ、左右から槍で突く。

・火罪……引き回しをしたうえ、火あぶりにする。

・死罪……獄内で首を斬り、死体は試し斬りに使われる。
・下手人（解死人）……獄内で首を斬る。試し斬りや引き回しはない。
・獄門……獄内で首を斬り、三日間、首をさらす。

このうち、鋸挽き、磔、火罪は公開処刑であり、獄門も処刑現場は公開されないものの、首は公開の場にさらされた。むろん、「見せる」ことによる犯罪の抑止効果を狙ってのことである。引き回しもその一環だが、これには牢から出て牢に戻る江戸中引き回しと、牢から刑場まで行く五カ所引き回しがあった。ちなみに、江戸の刑場は当初、浅草と芝に設けられていたが、その後、小塚原《こづかはら》と鈴ケ森に移された。前者は奥州街道、後者は東海道に面した江戸の出入口に位置する。他国と江戸の境界に刑場を置き罪人の断末魔を見せることで、江戸市内での犯罪抑止効果をより高める思惑があったものと思われる。

文字どおり、さらすことを目的とした刑もあった。さらし刑になったのは主人殺し、女犯の僧、心中の生き残りである。晒《さら》し場は日本橋南詰。牢から引き出された罪人はここで午前八時から午後四時までさらされ、その後、牢に戻された。さらし刑が行なわれる間は、毎日、それが繰り返されたのだ。

主人殺しにはその後、死刑が待っていたが、女犯の僧や心中の生き残りは、必ずしも死刑になったわけではない。女犯とは僧が不邪淫戒《ふじゃいんかい》を犯し、女性とまじわることである。

もっとも、この罪に問われたのは寺を持っている僧だけで、自分の寺を持たない修行中の僧（所化僧という）は、日本橋南詰で三日間さらされたのち、寺法によって処分された。

これに対して、寺持ち僧はさらし刑の後、通常は遠島、相手が人妻の場合は獄門となった。

女犯はまさに命がけだったわけだが、僧も人の子ということか、また、不邪淫戒は守り難いということか、女犯でさらしものにされ、流罪になる僧は後を絶たなかったようだ。天保一二年（一八四一年）には四八人の僧がいっせいに日本橋にさらされたとある。

心中の早い例は一六八三年、遊女の市の丞と馴染みの客・長右衛門が敢行したものだとされる。

『曾根崎心中』『心中天の網島』などを著した、心中物の名手・近松門左衛門《ちかまつもんざえもん》の『心中刃は氷の朔日』のなかにもこんなくだりがある。

「だれがはじめしこの契り、音に聞きしは生玉のそれがはじめのだい市の丞」

大坂で流行した心中はやがて江戸にも飛び火する。道ならぬ恋、この世で受け入れられない情念の契りを、死をもって完遂する。心中は男女の愛のきわめて純粋な誇示でもあり、また、それを許さない世の秩序への反旗でもあったろう。幕府は享保七年（一七二二年）、心中の禁止令を出す。その背景には「心中」という言葉が許しがたいということもあったようだ。

心中は武士の本分である「忠」という字を分解したものだともいわれる。男女の情死が忠とされたのではたまらない。心中の言葉はいたく武士の頂点に立つ幕府筋の神経を逆撫でしたのではなかったか。

事実、禁止令では心中という言葉を否定し、「相対死《あいたいじに》」の言葉をあてているのだ。当時の将軍・徳川吉宗も心中（という言葉）に対する不快感、嫌悪感を露《あらわ》にしている。『名君享保録』は吉宗の言として以下のような〝過激発言〟を記している。

「もってのほか不届きの言葉なり」

「人にあらざる所行」

「死切候者は野外に捨てべし、しかも下帯を解かせ丸裸にて捨てる。これ畜生の仕置きなりと御定被遊ける」

心中した者は素っ裸にして野外に捨てろというのだから、怒りのほどは容易に想像がつくところだ。心中の生き残りが過酷な刑罰をもって処されたのも頷けるのである。生き残りは畚《もっこ》に載せられて晒《さら》し場に運ばれた。晒し場では縄を打たれ、筵《むしろ》の上にすわらされて好奇の目や侮蔑の視線に間断なくさらされた。女は腰巻き一枚の姿にされることもあった。

さらすことの意味は〝人にあらざる所行〟をなしたことへの責めと同時に、死をもっても情愛を貫こうとした心中者の姿が人々に与えるインパクト、人々に向かって放つある種の魔力を、見る行為の侵犯性で取り除くことにあった。

「心中は褒めてやるのが手向《たむ》けなり」

とは江戸時代の川柳だが、ここには、命を断ってあの世で添い遂げようとする心中者に対する江戸庶民の好意的心情が映し出されている。こうした心情を押さえつけるためにも、生き残りにはどこまでも惨めな姿をさらさせる必要があったのである。

ところで、見せることの効果を熟知していたのは徳川家康だといわれる。こんなエピソードがある。家康は博奕《ばくち》をひどく嫌っていた。江戸城に入る前、駿府にいるころから博奕を厳しく禁じていたという。江戸に移ってからは、博奕を行なう者が多いのは仕置きが手ぬるいからと断じ、板倉四郎左衛門らに博奕に手を染めたものはいやおうなく捕まえ、死刑にするよう命じている。

その家康は鷹狩りに出たとき、博奕をした者が五人同じ場所で首をさらされているのを目にする。思うところがあったのだろう。城に帰った家康はこう命じたという。

「首を獄門に掛けさらすは、畢竟《ひっきょう》諸人の見せしめのためなれば、五人一座の博奕なりとも、なるべく人立多き五箇所へ分ちてさらし置くべし」

五人一緒に首をさらしたのでは、それを見るものの人数も限られてしまうから、五箇所に分けてさらし、できるだけ多くの人の目に触れるようにせよ、というわけだ。以来、首は一つずつさらされるようになり、博奕は激減したというのである。

▼最後の獄門、江藤新平

時代は明治に入って大きな変革期を迎えた。罪人に対する処刑も公開から非公開に向けて動き出す。明治政府が定めた初の刑法は明治三年（一八七〇年）の『新律綱領』だが、そこにはいまだ「梟示《きょうじ》」、すなわち斬った首をさらす刑が盛り込まれていた。梟示の刑が廃止されるのは明治一二年（一八七九年）。太政官《だじょうかん》布告《ふこく》によってである。

「およそ梟示の刑たるや五刑の中に在り、しかしてその法たる罪人の首を斬り刑場に梟首し、看守人を置き犯由牌に罪状を書し、その側及び各所に立て、三日を経て除棄するものたり。これすなわち兇残のはなはだしき者を待つ所以なりといえども、その刑もまた惨酷のはなはだしきものにして、人情に於いて忍ぶべからざる刑律たり。残を制するには残を以ってす、ついにその残なる所を知らざるがごときは、文明国の法律中に存べからざるものたれば、我が大政府は疾くその我が国律中に保存すべからざるを察知し、すなわち明治十二年一月四日太政官第一号の布告を以って、左の通り達せられたり

名例律五刑条例中左の一条創定候条、この旨布令候事
五刑条例
すべて梟首の刑を廃し、その罪梟示に該する者は一体に斬に処す
誰か首級の梟に架せしを見て、心にこころよしとするものあらんや、誰か面を側らにしてその醜状に避けざるものあらんや、これを見るに忍びざるは人情の普通にしかる所たり。しかるを強いて路傍に梟首し、行人の観を求むるはそもそも何ぞや〜」

文明国として新たに船出した明治新政府としては、惨酷きわまりない〝さらし首〟がいまもって法律に定められているのはまずい。よってそれを廃止するというお達しである。ここから「見せしめ」という側面が刑罰から消滅するのだが、廃止直前に首をさらされた明治政府の大物がいる。江藤新平《えとうしんぺい》である。

江藤新平は天保五年（一八三四年）、肥前佐賀藩（現佐賀県）の八戸村に生まれた。父親は下級藩士。暮らしは貧しかった。藩校である弘道館に通いはじめたのも一六歳になってからであった。当時は六歳、七歳で弘道館入学というのが一般的だったから、かなり後れを取ったことになる。しかし、江藤の向学心は高く、

学問には熱心に取り組んだとされる。

その江藤に大きな影響を与えたのは、国学者の枝吉経種《えだよしつねたね》である。枝吉との出会いによって勤王論に傾いた江藤は弘道館を辞め、文久二年（一八六二年）には佐賀藩を脱藩する。当時の佐賀藩主・鍋島閑叟《なべしまかんそう》が攘夷に立ち上がらないことに業を煮やしてのことであった。

京にのぼった江藤は長州藩邸で桂小五郎《かつらこごろう》と会い、その仲介で公卿《くぎょう》の姉小路公知《あやのこうじきんとも》とも面会するが、ほぼ一カ月ほどで佐賀藩に戻った。脱藩に対して下った沙汰は永蟄居《えいちっきょ》というものだった。

しかし、江藤の蟄居は解かれる。倒幕を狙う薩長の動きに佐賀藩もようやく呼応することを決め、薩長との繋ぎを江藤に期待したからだ。慶応四年（一八六八年）から一八六九年の戊辰《ぼしん》戦争のなかで江戸城は無血開城となるわけだが、西郷隆盛や大久保利通らに江戸城総攻撃を思いとどまらせたのは江藤だったともいわれる。

明治新政府が樹立されると、江藤は功を認められ新政府の重要なポストを歴任して、明治五年（一八七二年）には司法卿に任じられるのである。いまでいえば法務大臣である。明治政府の法整備にいち早く着手したのが、ほかならぬ江藤だったといえる。

だが、政府内での活躍期間は短かった。明治六年（一八七三年）の政変、いわゆる征韓論争で大久保利通らに敗れ、下野《げや》することになったからだ。下野してからの江藤が板垣退助らと自由民権運動を立ち上げ、その先頭に立って三権分立、立憲政治の必要性を強く訴えたことは広く知られるところである。

その後、江藤は故郷である佐賀に戻るのだが、ここから運命は一変する。新政府に不満を持つ士族に担がれて佐賀の乱を起こすことになるからである。明治七年（一八七四年）のことだ。当時は各地に新政府に不満を持つ士族がひしめき、反乱を画策していた。佐賀も例外でなく、江藤は当初、その動きを鎮めるために帰京したとされる。が、結果は反乱の首謀者となるのだから、人生は先が読めない。もちろん、反乱軍は政府軍の敵ではなかった。江藤は幹部らと政府軍の手を逃れ、佐賀から鹿児島、土佐へと逃避行をつづける。が、土佐で捕縛されるのである。みずから整備した警察組織の手に落ちたわけだから、皮肉なめぐりあわせというしかない。

江藤の処分を決したのは長く政敵として鍔迫《つばせ》り合いを繰り広げた大久保利通である。政府の全権を得て乗り込んだ大久保は、迷わず、こう指示を与える。

「除族の上、梟首、申しつける」

士族の身分を取り上げたうえ、首を斬ってさらせというのである。大久保の〝江藤憎し〟の思いは、見せしめをせずにおくものか、というほどに苛烈だったようだ。裁判も佐賀で行なわれた。江戸には江藤を憎からず思っている桂小五郎《かつらこごろう》や岩倉具視《いわくらともみ》、三条実美《さんじょうさねみ》といった面々がいる。江戸で裁判を行なったのでは梟首にはできない。大久保の判断はおそらくそこにあった。裁判はわずか三回開かれただけで結審した。最初に「除族の上」の文言をつけたのは、当時、士族の梟首は廃されており、士族の身分のままではさらし首にできなかったからである。大久保の梟首へのこだわりは尋常ならざるものがあった。

刑場に引き出された江藤は、こう三度叫んだと伝えられている。

「ただ皇天后土のわが心を知るあるのみ」

自分の心はただ、天と地のみが知っている。司馬遼太郎をして「この日本語世界が生んだ最大の雄弁家」といわしめた江藤新平は、その弁舌を奪われることなく、わずかな言の葉に無念の思いを託し、逝った。さらされた首に大久保利通は声にならない「快哉」を叫んだことだろうか。

註

(1) 小田晋「まなざしの比較文化」『狂気・信仰・犯罪』弘文堂　一九八〇　E・ホール、日高敏隆・佐藤信行訳『かくされた次元』みすず書房　一九七〇　(2) 新谷尚紀『死と人生の民俗学』曜曜社出版　一九九五　(3) 関敬吾『日本昔話大成第4巻』角川書店　一九七八　(4) 中国古典文学大系『六朝・唐・宋小説選』平凡社　一九六八　(5) 折口信夫『折口信夫全集　第二巻』中央公論社　一九五五　(6)『平家物語』剣巻　(7)『謡曲集　下巻』有朋堂書店　一九二九　(8)「山城国風土記逸文」『釈日本紀巻九』卜部兼行　前田育徳会尊経閣文庫　一九七五　(9)『日本書紀』垂仁天皇二六年　(10)『神宮儀式・中臣祓』皇学館大学　一九八三　(11) (12) 後藤守一『日本古代史の考古学的検討』山岡書店　一九四七　(13) (14)『東大寺お水取り』小学館　一九八五　(15) 青木重數『平将門』新人物往来社　一九九六

第四章　暮らしに息づく日本人の禁忌

一　衣食住と禁忌

▼敷居を踏んではいけない

「敷居を踏んではいけない」「畳の縁は踏んではいけない」という禁忌は、おそらくだれもが小さなころから耳にしてきたはずだ。茶の湯の世界にはさまざまな決まりごとがあるが、この禁忌もそのなかのひとつ。踏んでいけないのは「行儀が悪いから」「作法にかなっていないから」と説明されたりもする。「畳の縁は踏むと擦りへって傷みがはやいから」「敷居を踏むと重みで歪むから建て付けが悪くなる」など、極めて実利的な〈理由〉もいわれてきた。

民俗学的には「敷居」は、「境界」という概念を使ってとらえる。この概念を示したのはフランスの民俗学者A・ファン・ジェネップである。(1) ジェネップは二〇世紀初頭、『通過儀礼』という著書の中でこの概念を提示しているが、簡単にいうと、前の段階から次の段階へと移行するさいには必ず、前の段階との分離の儀礼があり、どっちつかずの過渡の状態を経て次の段階である統合の儀礼へとすすむ三段階があるという。「境界」にはこの三段階があり、時間的にも空間的にもこれは存在する。この論がさらに発展し、あらゆる自然の状態のなかにある〝連続性〟に「境界」を人間自らがつくりだし、そこがさまざまな儀礼が要求される場所となったのだと考えられたのである。

この「境界」は、〝どっちつかずで曖昧で、不気味で危険な場所である〟とみなされ、禁忌習俗が多く見出される。「敷居を〜」という禁忌の背景には、この境界不安があるといってよい。

ある地方では敷居は〝人の頭〟とみなす。

「表の敷居は父、裏の敷居は母、家のなかの敷居は子をあらわしているから、敷居を踏むと出世できない」と言い伝えられている。

ただし、この禁忌は日本だけのものではない。タイには「家の敷居には善霊が住んでいる」ので踏んだり、その上にすわったりしてはいけないという言い伝えがある。モンゴルでもゲルに入るときは敷居をまたいで入るのが礼儀とされているし、韓国にもこの習俗はある。「境界」を忌むものと捉えるか、聖なるものと捉えるか。伝承の〝現場〟によっての違いも見てとらなければならない。

▼便所に唾を吐いてはいけない

「便所」にまつわる俗信・習俗は数々ある。具体的な便所の機能は、排泄の場所であることは明らかであるが、日本各地には便所を大切にして祀ったり、神様がいる場所だと考えられていたりすることが多い(2)。

妊婦は便所をきれいにしなければいけない、きれいにするときれいな子が生まれるというのがある。また、お産の神様は三人いて、それがそろわなければ出産はできない。かまどの荒神さまと箒神さまと、便所神さまである。雪隠《せっちん》参りというのは、産後三日目や七日目に新生児を抱いて便所にまいる風習である。

東京都大田区にはこんな伝承がある。お産の時には、荒神さまと便所神さまと箒神さまの三人の神様がたちあって出してくれる。だから、荒神さまと便所神さまには、とくに女性は、ふだんからきちんとしておかないといけないとされる。便所の神様は女の神で、きれい好きだ。手がないから、口を使って汚れた紙をどけるといわれている。

そのようなありがたい神様がいる場所に唾を吐くという行為は、罰があたるわけである。身重の人が便所掃除をよくすると、美しい子ができるというのも、お産に立ちあう便所神さまがきれい好きだから、喜ばれるという理由である。箒神さまというのも女の神。箒で人をぶったり、またいだりするとお産が重くなるといわれている。

そして、便所をきれいにしなければならないのは、なにも妊婦だけに限らない。年をとった女性の場合も、便所の掃除をするとよいとされている。きれいに掃除をすることによって、寝たきりになって下の世話をかけることがないというのだ。

一方、正月や盆に便所をまつるという地方も多い。

長野県には、年末からお正月にかけて便所の年取りという行事がある。男性が松飾りをしたり、年神棚を作ったりする間に、女性は年取りのご馳走をつくって準備をする。準備がすべて終わると女性は便所をきれいに掃除するのだ。そしてその家の主人が年神様のお膳と自分のお膳をもって便所の前に行き、そこに敷かれたゴザに家族の者と一緒に並んで座る。大便所の戸を開けて持っていったお膳を並べて供え、主人が「お世話になりました」と挨拶する。こうして便所の年取りをすませてから、年神様にお膳を供え、家族の年取りをするのだ。一月十四日の小正月の朝に、まず便所の年取りをすませてから、小正月の年取りをするというところもある。(3)

夏に便所をまつる例も数多い。例えば茨城県筑波山麓の田井村では、六月二六日をチョウズバギオン（手水場祇園）といって、うどんを作って食す。そのとき、紙で女性の人形を作って便所の祇園様に供える。

便所にまつわる伝承を考えてみると、妊婦や老婆など人の誕生と死をめぐる場、つまり人の魂がこの世にやってくるときと、あの世へ旅立つとき、また正月や盆など神やホトケがこの世にやってくると考えられた日に祀られていることになる。(4)大切にしなければならないその場所に唾を吐いて穢すなど、もってのほかなのだ。

さらに、便所の具体的な機能からも考察を試みることができる。いうまでもなく、便所の機能とは、排泄の場所であるということだ。

汚物を出す場所なのだから、口からでる唾も汚物だから、当然吐いてもいいという感覚が現代日本人にはあるようだ。そこが問題なのである。口からのものと、下からのものは、明らかに違うのである。下からの汚物を排泄する場所である便所に口から唾を吐くという行為は、逆に口を通して尿や大便などの汚物の忌むべきものが入ってきてしまうという感覚があったのである。

「便所に唾を吐いてはいけない」という禁忌には、神様を穢してはならないという面と、忌むべき便器の汚物を口に感染させないようにという面との二つの側面がある。

▼箸から箸へ食べものを渡してはいけない

家族で食事をしているとき、箸《はし》でつかんだ食べものをほかの者に渡そうとして、「箸から箸へ渡すなんて、そんな箸の使い方をしてはいけない！」と叱責された経験はないだろうか。この禁忌は全国で広くいわれている。

もちろん、見ていて感じのいいものではないから、食事の作法という面からも慎むべきことであるのはわかるが、この箸使いが禁忌とされたもともとの由来はどこにあるのだろう。

葬儀に参列したときのことを思い出してほしい。火葬場で故人の遺骨を拾い、骨壺に納めるとき、必ず、二人が一つの骨をそれぞれ手にした箸で挟みあったはずだ。つまり、一つのものを箸で挟みあうのは葬儀に関連する作法なのである。それを食事の場で行なうことはいかにも縁起が悪い。よって禁忌とされたのである。

葬儀での作法で生活の場で禁忌とされる例はほかにもたくさんある。茶碗に盛った飯に箸を突き立てるのもそうだし、水に湯をさすこともそうだ。しかし、そうした禁忌は「葬儀のときに行なう作法」だからという理由で、日常生活でしてはならないこととされるようになったわけではない。

基準になっているのは日常生活のほうである。人の死、それにつづく葬儀は日常性に入り込んでくる非日常、異変である。だから、死や葬儀に際しては日常とは違ったことや作法を行なう。「ふだんしないから」、二人が箸で骨を挟みあうのだし、「ふだんしないから」、盛った飯に箸を突き立てるのだ。はじめにありきは葬儀の作法ではなく、日常の作法なのである。

ではなぜ、葬儀の際には箸から箸へ遺骨を渡すのだろうという疑問も残る。

人間は死と接触したくないと考える。だが、遺骨を拾うことはまさしく死と接触する行為だ。その死の穢れを自分に定着させないために、他人に遺骨を渡しているのだとみることもできる。手渡しや箸渡しは穢れの感染する行為でもあると同時に一人だけに穢れを滞留させない行為でもある。

▼箒を踏んではいけない

「箒《ほうき》を踏んではいけない」「妊婦は箒をまたいではいけない」という禁忌がある。箒とは、いうまでもなく掃除の道具で、古くは竹の枝などを束にしてつくられていた。どこの家庭にでもある道具のひとつといえるだろう。

具体的に汚ないごみを掃き清める役目をはたす箒は、心意的には穢れや悪霊を祓う呪具としての機能をはたしている。

箒に呪術的な力があることを示すのが、長居する客に帰ってもらいたいときに「逆さ箒を立てる」という風習だ。いやな客を掃き出そうというのだから、考えようによっては残酷なまじないである。一方、関東や東北地方では死体の上に魔除けとして箒を置くところもある。邪霊に対して寄ってくるなという呪いである。

箒に宿る神は箒神だが、この神は出産に立ち会う産神の一つとされている。

「箒神がこなければお産ははじまらない」
「箒神がくるまでは子供は産まれない」
などの箒神信仰は全国各地で見られるものだ。大量の出血をともなう出産は穢れとされ神々と関わりを持つことはあいならん、とされたが、この産神だけは別。産神は産屋にやってきてお産の助けをしてくれるものと考えられたのである。さらに、出産後の母と子を守り、生まれ落ちた子に霊魂をもたらすのも産神だと信じられた。

そのため、産後には産飯を炊き、茶碗に高盛りにして子の枕元に供えて産神を祀るという風習も広く行なわれていたのである。

ふだんから箒を大切に扱わず、またぐようなことでもあれば、難産になるともいわれた。産屋に箒を祀ったり、産婦の枕元や足下に逆さ箒を立てたり、箒で産婦の腹をなでたり、という風習は、箒の払う力で胎内の子を早くこの世に送りだしてほしいという安産への願いをこめたものだった。箒にまつわる禁忌には、「掃く」という行為と、そこから展開した「掃き清める」という考え方の反映が見出せるのである。

▼13日の金曜日を嫌う

「13日の金曜日」が不吉な日と考えられたそもそもは、キリスト教の「新約聖書」に書かれた物語に発している。キリストが十字架に架けられたのが13日の金曜日（一説には14日とも）で、その最後の晩餐に出席した13人目の人物の裏切りによるものだったことから「13」は不吉な数字とされ、「金曜日」と重なる日は〝何かが起こる日〟と考えられるようになったというのがそのいわれである。

日本に古くからある習俗を繙《ひもと》いても「13」や「金曜日」が不吉だとする禁忌は見当たらない。それなのに「13日の金曜日」は不吉な日というイメージが定着しているのなぜだろうか。キリスト教を信じる人が「13日の金曜日」を忌むのは信仰によるものと思われるが、信仰のない日本人がこの日を不吉な日と位置づけているのは、考えてみると不思議だ。

人間の心理には、迷信を信じることでいわれのない不安をコントロールする、という作用がはたらく。自分でもなぜそうするのかはわからないまま、人がそういうからそれをしないと不安にかられるということで、何もしないよりしたほうが安心だというわけである。極めて非合理と思えるこの現象は、忌む事柄に関わらず、全世界的な〝心理〟といってよい。

この非論理性を日本語に置き換えると、「縁起かつぎ」ということになろう。日本では、死と苦の語呂合わせから「四」「九」という数字、病気見舞いには「根づく」「寝つく」といった語呂合わせから植木や花の鉢物はさける…など、〝縁起が悪い〟という理由で日常的に避けられてきものは多い。逆に「八」は末広がりで〝縁起がいい〟とされてきた。鯛はめでたい、というのも語呂合わせの一種だ。

こうした縁起かつぎの根底には、古典的な〝言霊信仰〟に通じるものが流れていると考えられる。

つまり、言葉や数字はたんなる符合ではなく、よい言葉は吉事に、悪い言葉は凶事につながると考えるくせがあるのだ。

▼ウナギを食べてはいけない

「土用の丑の日」には、健康を願ってウナギを食べる。だが、ウナギを食べると神罰にあたると伝承されている地域もある。

鹿児島県大島郡古仁屋勝浦の泉のウナギは捕獲が禁止されている。神秘な神の使いとして考えられているのだ。宮城県本吉郡ではウナギを「雲南《うんなん》さま」として食べることが禁じられているという。[5] また、仏教の真言宗の虚空蔵信仰とウナギとの関係も深い。ウナギが虚空蔵様のお使いの者だと考えられ、それを食してはならぬとされるのだ。[6] 丑寅生まれの人は守本尊が虚空蔵菩薩なので、ウナギを食べないという信仰もある。

一方、このようにウナギを神聖化することで、同時にウナギの薬効効果も人々の心にありがたいものとして刻まれていく。土用の丑の日にウナギを食べることも、神の使いと考えたり祀ったりすることでウナギを食さないことも、相反するようだが、その関係は深かったのである。

▼夜に口笛を吹いてはいけない

なぜ、夜に口笛を吹いてはいけないのか。この禁忌の伝承についてはその理由を答えられる人も多いだろう。「ヘビがでてくるから」である。地方によっては、鬼がでたり、泥棒に入られたりと異なる結果になる場合があるが、とにかく、人間にとって心地よくないものが出現するということである。

だがよくよく考えてみると、夜に口笛を吹くこととヘビの出現の因果関係は全くない。ここに、禁忌が人の心に作用する力を見て取れるのである。

夜に口笛を吹いたり騒いだりすることへの戒めであるこの伝承に、ヘビなどの「避けたいもの」が表現されている。これは、人が「恐がる」「嫌がる」ものを用いることによって禁忌の抑止力が強化されていると考えられるのである。いうなれば、「脅かし」である。だから、鬼でも泥棒でもいいのだ。

そこで問題は、夜と口笛の関係である。

夜という「時間」の概念は、古くから人の心を通して何か心地よくない時間として受け継がれてきた。それは平安の陰陽道の精神までもさかのぼることができる。夜、すなわち闇は霊界が活動する魑魅魍魎《ちみもうりょう》の世界である。ゆえに平安の世の人は夜に外出することを嫌ったのだ。

そして口笛というのは、人間が奏でる音。いってみれば人間の笛だ。その笛の音は相手を「呼ぶ」行為につながる。これは神社の祭りで笛を吹くことによって神霊の降臨を祈り、またもてなすことができると考えられていることからもわかる。縄文時代の土笛も何らかの精霊祭祀と関係が深かったと思われる。つまり、口笛を夜吹くことは、魑魅魍魎が跋扈《ばっこ》する時間に彼らを呼びつけるということにななるのである。

▼夜に爪を切ってはいけない

夜に関する禁忌はまだまだ存在する。夜に爪を切っては、親の死に目にあえないとされる。古くは照明が発達していないころに、暗いなかで爪を切ることは、怪我をする危険性を戒めたものとも考えられる。

しかしなぜ、この禁忌が人々の心に強い抑止力をもたらしたのだろうか。

夜という魑魅魍魎が跋扈する特異な時間に髪を切ったり身体に刃物をあてたりということは、忌むべきと考えられたのである。「夜」を恐がるという心意だ。

だが、照明ももちろん普及し、朝昼は多忙な仕事のスケジュールに追われている現代人にとって、爪を切る時間は夜しかない。この禁忌はなくなってしまったといってもいいのかもしれない。

禁忌のなかには、時代とともに有名無実化するものも少なくない。これらの例は、もっとも顕著なものだろう。多くの人が、知ってはいるが実際は破っている。これからもこのような禁忌は文化や文明の発展と変化とともにふえていくだろう。

▼着物の襟を左前に着てはいけない

和服を装うとき、襟は右前にして着る。具体的にいえば、右側の襟を自分の手前側に入れて着る。それが正しいとされ、逆に左前に着るのは、不吉であると伝承されている。財産が傾いて失敗することを「左前」と表現する。[7]

この禁忌は、死者を葬るときに、左前の経帷子《きょうかたびら》を着させることからきている。葬送の際に用いられる、逆さ水や逆さ着物といった、「逆さ事」のひとつだ。逆さ着物とは、着物を裏返しに着ることだ。これらの逆さ事は、死者を甦らせないという意味がある。また、着物に藁の帯をすることも禁忌だ。墓の穴掘り役の人間が、藁を帯にして穴を掘ったことに由来する。

人が死ぬ、葬式をするという行為は、日常とはあきらかに違う、「非日常」だ。非日常行為の際は、やはり、こういった特別なことをするのである。翻《ひるがえ》せば、わたしたちの日常に、その非日常をもちこんではならないという禁忌なのである。

▼庭に椿を植えてはいけない

家の庭に植えてはいけないといわれる植物がある。椿がその代表だ。

椿の花を想像してほしい。幾多の花弁をつけた大きな花。やがてその花の命が終わるとき、突然事切れたように茎から折れて花のみがぽとりと落ちていくのである。派手な花をつけていたことと対照的に、その様は物哀しい。

その様を、いにしえの人は侍の首切りのそれと重ね合わせた。それが我が家の人間に不幸せをもたらす力となってしまうと考えたのである。

これが現代に至ると、病床に臥せった人へ見舞う時の花に椿を選んではいけないともされる。まさに、「死」を連想させてしまうのがその理由だというのは、いうまでもない。

一方、庭に植えるといいとされる植物の代表が、南天《なんてん》だ。「難を転じる」とされている。京都鞍馬《くらま》ではどの家も南天が植えられ、祭事には祓えのために腰や背中につける。

〈二〉仕事と禁忌

▼山仕事中には言ってはならない言葉がある

山の中はこの世とは別個の世界とみなして、そこで働くということは特別な緊張を強いられていた。

そこで、平地での言葉を野良言葉とするのに対し、山に入ったら山言葉なる表現を使わねばならないというのであった。

「山の人」と呼ばれるのは猿である。全国的にこの表現は見受けられ、「山の若い衆」だとか「山の叔父」という場合もある。(8)

猿の異名はかなりある。

面白いところでは四国地域では「キムラ」または「キムラサン」と呼んでいる。このように、山に入っては「サル」と呼んではならなかったのである。もし言ってしまったときは、一日中畑にもでず警戒して過ごしたようだ。

動物の山言葉はほかにもあり、ウサギは「山の禰宜《ねぎ》」「ミミナガ」「シガネ」「ダンジリ」など種類も豊富である。馬は「タカセ」、狼を「ヤセ」、犬は「ヘダ」や「セタ」となった。これらは各地域で異なる。

動物以外にももちろん山言葉は存在し、東北地方では米のことは「草の実」といい、稲は「草」となった。

山仕事を終え里に帰れば、当然野良言葉を用いて、逆に山言葉を使うことは忌むべきことであったようだ。

これらの山言葉に対し、もちろん舟の上での作業で使わなければいけない言葉もあった。山言葉に対して、沖言葉である。山言葉ほどではないが、数種ある。たとえば蛇は「長いもの」というのは広い地域で呼ばれていたようだ。

▼妊婦は漁船に乗ってはいけない

女性が妊娠したことによる禁忌は多数あるが、漁船に乗ってはならないというのもその一つである。

妊婦だけではなく、女性すべて乗ってはいけないという禁忌の存在する漁村もある。女性がもつ穢れを忌み嫌っていることが根底にあると考えられる。

それなのに、まさしく穢れをもつ死体は乗せてもいいとされている。この違いはなんであろうか。

それは不可抗力かそうでないか、にあるようだ。死んで死体となってしまったことは、人間誰しも避けることができない現象だ。この世の人間はすべていつか穢れをもつ死体となるのだ。一方、妊婦となることは、不可抗力ではない。避けることもできたはずの穢れを、自らの行為によって穢れを背負ってしまった人間を、船で働く男たちは忌み嫌ったのである。

不可抗力の死は、受け入れざるを得ず、従って逆に死体を船に乗せると縁起がよく大漁になるなどといっている。

平常の状態ではない妊婦や死者に対して、避けられるならば極力、忌避するが、避けられない不可抗力の場合には負の価値を正の価値あるものへ、縁起ものへと逆転させるのが、民俗心意のメカニズムのようなのである。

▼田植えの植え残し、稲の刈り残しはしてはいけない

いまでは米作りのほとんどが機械にゆだねられ、人の手で田植えや稲刈りをすることは少なくなってしまった。しかし一昔前までは、田植えや稲刈りは一家総出で行なう、一年のうちでももっとも大きな仕事のひとつであった。その労働力たるや相当たるものだったのだ。

大変な仕事ではあったが、途中で植え残したり刈り残したりしたまま田んぼの仕事を終えることは大変な禁忌であるとされていた。まさに中途半端な状態である「境界」的な状況にしておくことへの不安から発生する禁忌だ。

また、田植えや稲刈りに際しては、一筋だけずっと通して行ない、田んぼを二つにわけるような作業も忌み嫌われた。また、返し植えといっていままでの方向と逆の方向に植え戻る行為を妊婦がしてしまうと、逆子が生まれるとされて、周防（山口県）では禁忌とされていた(9)。

さまざまな仕事の場にもたくさんの禁忌が語り継がれていたのである。

三 年中行事と禁忌

▼正月三が日にケンカをしてはいけない

「一年の計は元旦にあり」という諺《ことわざ》にあるように、みなが新しい年をよい年にと願うのが正月である。元来、正月には、「年取り」の意味があった。年をとるといえば、現在は誕生日に年をとる満年齢が一般的だが、かつては正月がくるとみんなでいっせいに年をとる数え年というのが一般的だった。数え年というのは文字通り、年玉の数、たましいの数で年齢を数えるという方法であった⑩。

また、正月には歳神《としがみ》様という神様を祀った。ゆえに、正月には掃除をしてはならないという禁忌も存在する。せっかく神様がきてくださっている時期に追い払うようなことはしてはならないのだ。歳神様の司祭者である年男は、主に家長が行ない、正月中の炊事などをしなければならなかった。つまり、女性は正月は炊事をしてはいけなかったのである。

さて、三が日にケンカをしてはならないというのも、そんな祝いの行事であり、次の新しい一年の運勢が決まる大切な正月に、悪い運気を刷りこみたくないという考えから生まれたものだ。まさに縁起かつぎの代表なのである。

▼雛人形は三月三日を過ぎたら飾っておいてはいけない

三月三日の桃の節句に飾る雛人形に関して、だれもがよく知る禁忌は「三月三日を過ぎて飾っておいてはいけない。早くしまわないとお嫁に行くのが遅れる」というものである。

晩婚傾向が顕著ないま、年頃の娘の親世代には〝禁忌破り〟が多かったとみえるが、そもそもなぜ、雛人形は早くしまわなければならないものとされたのだろう。

この雛祭りの由来には複雑な背景がある。一つは奈良朝から平安朝の貴族たちが行なっていた三月三日の曲水の宴である。もう一つは、貴族の幼女たちの雛《ひな》遊《あそ》びである。さらに、祓えの呪具としての人形《ひとがた》という背景がある。(11)

曲水の宴は、曲がりくねった流水のほとりに座り、水に酒盃を浮かべ、流れてくる盃が自分の前を通り過ぎないうちに、和歌を詠まねばならないという遊び。また、平安時代には貴族の幼女の間で、人形や調度を飾る雛遊びが行なわれていた。『源氏物語』や『枕草子』には「ひひな」の言葉がみられる。

『源氏物語』には須磨の海岸で光源氏が三月の上巳《じょうし》の日に、陰陽師を召して浜辺で祓えをさせて人形《ひとがた》を舟に乗せて海に流したとある。人形を身体にこすりつけ、息を吹きかけ、自分の罪穢れを人形に託して捨てる行事であった。だがこの時代は雛遊びとは結びついていなかった。

三月三日に雛人形を贈る風習がはじまるのは室町時代のことである。贈られた人形はその夜、枕元に置くと穢れを移し取ってくれるものと考えられ、翌朝になると寺に持って行って祓いをしてもらうことになっていた。万里小路時房《までのこうじときふさ》の日記『建内記《けんないき》』の永享一二年（一四四〇年）の記事には、三月三日に上巳の祓えのための人形が贈られたとある。

江戸時代になると雛人形は装飾性の高いものになり、盛大な女子の祝いとなっていった。

もちろん、雛祭りを行なうことができたのは宮中や武家階級、裕福な商人たちに限られていた。一般民衆、とりわけ農民層にとってこの時期は、秋の収穫まで長くつづくつらい農作業に着手する直前であった。彼らはその労働に備えてつかの間の遊びを楽しんだ。「磯遊び」「浜下り」などと呼ばれるのがそれである。そんな河原遊びに際して農村の娘たちが雛人形を流したという記事が近世の随筆などにはみられる。

雛祭りはこうした歴史のなかで現在もつづいているのだが、元来、雛人形は若い娘の厄災や穢れを移して三月三日に流すものであったのだ。三月三日を過ぎてなお、飾ったままにしておくことは、穢れを移し取った人形を流さないままにしておくことに等しい。「しまわなくてはいけない」という禁忌は、雛人形の〝原意〟に沿ったものなのである。

▼七夕に畑に入ってはいけない

牽牛《けんぎゅう》と織女《しゅくじょ》の逢瀬として知られる七月七日の七夕。

各地の行事として伝えられる七夕の特徴は水に関する伝承が多い。

女性はこの日に必ず洗髪をする、子どもたちは七回水浴びをする、家族全員で行水をするなど、長い梅雨の間にたまった不浄なものを禊ぎ祓へ清めるためのものが多い。

短冊に願い事を書くというのも、一方では厄災をそれにつけて、川に流し捨てるという意味があった(12)。

そんな七夕の行事のなかで七夕に藁や真菰で馬をつくる風習がある。とくに東日本でみられるものだが、これは迎え馬、七夕馬などと呼ばれ、神を迎えるものとされている。七夕馬の扱いは地域によって異なる。千葉県では草刈りに連れて行くことになっているし、埼玉県では子供たちが引き回す、新潟県では門口に吊るす、といった具合である。

畑に入ってはいけないという禁忌は、七夕の日には畑に神がやってくると考えられていたことによる。

たとえば、埼玉県の川越市では、神が乗る七夕馬が胡瓜畑や豆畑を歩き回るため、人間が入ってはいけないとされている。入ると驚いた馬が蔓《つる》に絡まってしまうからだという。また、同じ埼玉県の所沢市では、七夕さま（牽牛と織女）がササゲ畑で会うことになっているため、この日は畑に入ってササゲを収穫することが禁じられている。愛知県東賀茂郡でも同じ理由から、七夕の朝はササゲ畑に入ることが許されない。七夕の日は仕事で田に入ってはいけないとされているのは静岡県榛原郡の例だ。

これらの伝承からいえることは、七夕は穢れや厄災を祓い清める行事であるとともに、忌みつつしみの側面も持っているということである。

▼彼岸花をとってはいけない

秋になると田の畦《あぜ》や川べりの彼岸花が一斉に真っ赤な花をつけ、その鮮やかさはわたしたちの目をひき、観光名所になっている場所も少なくない。

曼珠沙華《まんじゅしゃげ》という別名も有名だが、この花はまた別の名前も持っている。死人花《しびとばな》である。彼岸花は仏に供える花として、死者の花だと考えられていたのである。

幼い頃、親や祖父母から「彼岸花をとってはいけない」と教えられた人もいるのではないだろうか。まさに、そこに禁忌の理由がある。ひと昔前まで生きていた禁忌だが、この頃はとんと聞かなくなった。かつては、彼岸花を見に出かけるなんてことは考えられなかったのである。田んぼの畔で彼岸花が咲き誇っていたのは、その花だけは刈り取ってはいけなかったからなのだ。

秋風やむしりたがりし赤い花（一茶）

という有名な句にもあるように、その鮮やかすぎる赤い色は、人々の心に強烈な印象を与えていたようだ。これを柳田國男は「天然の禁色《きんじき》」、つまり日本人の色についての禁忌の観念とその歴史を論じながら、死者への手向《たむ》けの花である真っ赤な彼岸花について、「可愛い小児でさえも仏になるまではこの赤い花を取って与えられなかったのである」とのべている。

すっかりこの禁忌は日本人の心からなくなってしまったように思えるが、なぜこの花が目をひき、私たちの心をとらえてしまうのかを、禁忌とともに考えてみるのも面白い。

▼嫁入り前の娘は十五夜の月見団子を食べてはいけない

陰暦八月十五日に、団子やすすきを供えて月をまつる。いわゆるお月見。畑作物の収穫祭である。里芋を供えることもあり、芋名月とも呼ばれている。

この年中行事にも、禁忌が存在する。

その家の嫁入り前の娘は、お供えの団子を食べてはいけないというのである。近所の子どもたちはお供えを失敬して食べてしまうのがこの日の楽しみであり、またその盗みの行為はこの日ばかりは容認されていた。

柳田國男は、娘はいつか他の家の嫁にいく身であり、その生家のお月見の祭りの供物を食してはいけなかったのだ、と述べている。

しかし、満月の行事にはほかにも興味深い習俗がある。多くは一月十五夜の行事であるが、その家の嫁のお尻を叩く、というもの。「嫁叩き」と呼ばれる。子種を叩き込むということで、これは子授けのための儀式だとされる一方、邪悪なものを身体から叩きだす意味もあったらしい。

科学的根拠ははっきりしないが、女性の生理は月の満ち欠けと関連づけて語られることも多く、お月見の習俗のなかに、女性がかかわるものが多いことは興味深い。月見団子を食べるということは、むしろ性的な禁忌を連想させる、という説もある[13]。

また、十五夜にまつわる禁忌として、「片月見をしてはならない」というものもある。旧暦八月十五日の芋名月とともに、旧暦九月十三日夜の豆名月も畑作物の収穫祭である。十五夜に月見をしたら、十三夜も必ずしなければならないというのが、片月見を忌む習俗である。

年中行事が稲作が中心となっていく一方で、人々が忘れがちな芋や豆の収穫祭を、いつまでも忘れさせないようにとの願いがこめられた禁忌といえるかもしれない。面白いことに、福岡県糟屋郡ではこの日を「女名月」といって、女性が幅を利かす日だと考えられている。

ここにも女性は、しっかり登場しているのである。

四 人生儀礼と禁忌

▼恋人同士で井の頭公園に行ってはいけない

かつて若い世代の間で「井の頭公園のボートに乗ったカップルは別れてしまう」とまことしやかに囁かれたことがあった。

都市伝説の域を出ない感もあるが、「夜に爪を切っては親の死に目にあえない」

という禁忌の類が効力を持たなくなった現在、これからはこういった類の禁忌も増えてくるのだろう。

この世に生まれ、親の愛を一身にうけて成長し、そして人は他の存在を愛するようになる。それが恋愛に発展し、やがて結婚という人生儀礼を迎えるというのなら、デートも、まさしく人生儀礼の一つである。

そのデートに、禁忌もやはり存在する。

「恋人同士で行くと別れる」の類は、井の頭公園だけではなく、神奈川県の江ノ島などにも伝わる。

それらが単なる噂話として看過できない点が弁天（弁財天）信仰にある。七福神のなかで、音楽・智恵・財福をつかさどる神として有名な弁天は、女神である。井の頭公園に祀られているのも弁天様。男女で訪れると、女神が焼きもちをやいて、その二人に不幸をもたらすとされるのだ。女子高生たちも納得の禁忌理由である。

しかし、日本各地に伝わる弁天信仰のなかには、弁天様が白ヘビを御神体とするものが多い。

ヘビといえば、不気味なものとして日本人の心に根づいている。たとえば、歌舞伎の演目『娘道成寺』として有名な安珍清姫《あんちんきよひめ》の話。悲恋のすえヘビの化身となった清姫は、自分を裏切った男をどこまでも追いかけていく。道成寺の鐘のなかに身を隠した男だったが、そのヘビは鐘のまわりにとぐろを巻き、鐘はそのヘビの熱で燃え盛る、という想像するだけでも恐ろしい物語だ。

心底にあるヘビへの恐れが、弁天様の白ヘビとどこかで結びつき、避けたくなる。もしかしたら、この井の頭公園の伝説には、そんな心の禁忌もひそんでいるのかもしれない。

▼巫女は処女でなければいけない

現在の巫女は神社の宮司や祢宜の補佐役として、神事をサポートしたり、御神《おみ》籤《くじ》を扱ったりしているが、古代の巫女の役割は国を動かすほどに重要なものだった。神と交信することができ、それを言葉にして伝えることができる存在。それが巫女であった。

歴史上、もっとも著名な巫女は邪馬台国《やまたいこく》の女王卑弥呼《ひみこ》である。卑弥呼のことを伝えているのは『魏志倭人伝《ぎしわじんでん》』だが、それによれば、卑弥呼は厳重に城柵が張りめぐらされた、楼観のある宮殿に住み、常時、守衛に守られていた。かしずく召使いは一〇〇〇人に及んだというが、女王となってからはその姿を見せず、取り次ぎをしたり、食事の世話をしたりするのはたった一人の男に限られていた。

卑弥呼は鬼道《きどう》に通じ、弟が政治を助けていた。歳はとっていたが夫はなく独身であった。鬼道とは霊と交信して、その意思や考えを聞くことができる呪術と思われるが、卑弥呼はそれを駆使して神意を人々に民衆に伝え、邪馬台国の運営に当たっていた。

夫がなかったことから処女だったことが窺われる。卑弥呼の処女性の検証はもとよりかなわぬことだが、姿を見せないという、絶対的な「見るなの禁忌」が徹底されていたことで、巫女としての存在は揺るぎないものとして担保されていたのだろう。

巫女には処女性が求められた。

男女が交わることによる穢れは、神との交信に支障をきたすものであり、祭祀を執り行なううえでも許されないこととされたものと思われる。また、肉体を誰の目にもさらさず、手にも触れさせていないという、処女のみが持つ神秘性も神と〝接触〟する巫女にはふさわしくもあったろう。

天武《てんむ》天皇の時代に登場する斎王《さいおう》は、天皇に代わって伊勢神宮の天照大神に仕える役割を担う巫女だが、斎王に選ばれるのは未婚の皇族女性と決まっていた。代々の斎王は卜占によって選ばれ、五泊六日の日程で京都から伊勢に入った。

斎王になると、天皇の代が代わるまでその任をまっとうすることとされ、伊勢神宮に赴くのは年に三度のみ。それ以外は斎宮と呼ばれる住居で神を祀る日々を送っていたのである。むろん、色恋とは無縁で処女性は厳しく保たれていた。

神を祀る、祭祀を司るという巫女の役割に変化が訪れるのは、仏教が導入され、律令制度が敷かれてからのことである。祭祀の中心的存在から巫女は物忌みをする存在へと転化するのだ。宮中で死者が出たり、穢れを祓う必要がある状況になると、実際に物忌みをしなければならない人間に代わって、巫女がそれを〝代行〟したとされる。

茨城県鹿島の鹿島神宮では、明治時代まで鹿島の〝物忌み〟と呼ばれる神宮の娘による卜占が行なわれていた。その〝物忌み〟が託宣してその年の豊凶を告げていたのである。その神宮の娘も処女性を重視されていた。近年まで、この伝統は続いていていたのだ。

▼結婚式は仏滅を避ける

日本では結婚式は仏滅を避けるのが常識となっている。

なぜ、この禁忌が生まれたのだろうか。この禁忌に関しては、「境界」と「刷りこみ」という概念が有効のように思える。

それまで独身者であった人間が、新たに夫婦となる。そのまさに「境界」の儀式が結婚式である。ここで人は、人生の晴れ舞台でもある夫婦となる日に、良縁を呼びこみ、縁起の良いものを刷りこみたい。

ハレと書くと民俗学の専門用語のような気がするが、この言葉は現代人もごく自然に使っている。晴れ着、晴れ舞台、晴れの日、晴れ姿…。まさにその晴れ＝ハレなのである。これらの言葉に共通しているのは「日常とは違う」「非日常的」ということだろう。晴れ着は日常とは違う特別な日に着るものだし、一世一代の晴れ舞台も非日常的なるものだ。結婚式の晴れ姿も同様である。

それなのに、わざわざ縁起の悪い仏滅を持ってくるわけにはいかないのだ。なにせ仏滅は、物みな滅び、すべてむなしくなる日だとされているのである。仏滅を「すりこむ」ことはどうしても避けなければならないのである。

▼産婦は橋を渡ってはいけない

月経や妊娠、出産など、女性に関する禁忌は多く存在する。月経は血の穢れ、赤不浄の最たるものだし、出産も出血をともない、時には死にも繋がる。体内に命を宿した妊婦は一人身とも（子どもと）二人身ともつかない不安定な存在、いわば境界にいる存在である。そうした状態にある女性が忌むものと考えられ、禁忌の対象となってきたことは頷けるところである。

かつて、出産は産屋と呼ばれる特別な建物のなかで行なわれたり、家のなかで子を産み落とす場合も土間や納戸、区切られた部屋の一画が使われた。出産による穢れの感染を防ぐためである。もっとも、出産が日常の生活の場から隔離されたのは、新たな生命の誕生を神秘な現象と捉え、〝聖別〟するという意味合いもあったからだともいわれる。穢れと聖性の両義を、出産は併せ持っていたということだろう。

産婦に課された禁忌としては、別火《べっか》がよく知られる。これは産婦の食事を、出産後七日目まで、家族の食事をつくる火とは別の火を使ってつくらなければいけないというものだ。同じ火を使うことで産婦の穢れが感染する、というのが別火の考え方である。

また、産婦は三三日間、橋を渡ってはいけない、という禁忌もかなりの地域に残っている。これも穢れによって川の水や水神を穢すことになるからというのが理由。出産後三三日目は産まれた子の宮参りにあたり、それによって産婦の忌は明けるのである。

この橋を渡ることの禁忌と関連する習俗として挙げられるのが、生まれてきた子に橋を渡らせる「橋渡り」、あるいは「橋参り」と呼ばれるものだ。生後間もない子に橋を渡らせることの意味とはいったいなんだろう。この習俗では橋の存在が大きな意味を持っている。橋はこちら岸とあちら岸を結ぶものとして存在する。こちらとあちらに隔てられた世界を繋ぐ、いわば境界の装置である。少し想像力を働かせれば、この世とあの世を結ぶものとして橋を捉えることもできよう。

実際、橋の上であの世から霊魂を呼び戻したという伝説もある。

平安時代の延喜一八年（九一八年）、文章博士《もんじょうはくし》であった三善清行《みよしきよゆき》が没した際、息子である浄蔵は修行のため紀州熊野にいた。訃報を聞き、急ぎ京都に帰った浄蔵だが、時すでに遅く、父親の葬列は橋を渡っていた。だが、浄蔵が葬列に駆け寄り、観法を行なうと清行は一時的に甦り、浄蔵と言葉を交わしたと伝えられる。あの世から霊魂が戻ったのだ。爾来《じらい》、この橋は戻橋《もどりばし》と呼ばれるようになったという。京都一条の戻橋である。

戻橋にまつわる伝説の類は多い。『源平盛衰記』には安倍晴明に関するこんな記述がある。

「天文の淵源《えんげん》を極めた安倍晴明は十二神将を自由に操ったが、妻が畏《おそ》れたため、その職神を橋の下に呪をかけて封じ込めた」

また、『平家物語』の剣の巻には、源頼光《よりみつ》の四天王の一人であった渡辺綱《わたなべのつな》が名刀髭切《ひげきり》を帯びて、馬でこの橋を通りかかったとき、二〇歳余の美女に出会ったが、美女は鬼の化身で綱はその片腕を斬り落とした、といった話も載っている。

いずれも、境界としての橋が秘めている異空間性を語るものには違いない。戦争中、出征兵士が戦地からの生還を願って戻橋を渡ったという話は有名である。

この橋の異空間性、つまり、この世のものともあの世のものともつかない性格と、橋渡り、橋参りの習俗は不可分の関係にあると考えられている。命を与えられたばかりの子の霊魂はまだしっかりとこちらの世界に定着していないため、あの世とこの世を結ぶ橋を渡るという儀礼を行なうことによって、この世に霊魂を根づかせる。これが橋渡り、橋参りの意味するところだというのである。

不安定な子の霊魂は、間違えばあの世に戻っていってしまいかねない。それをこの世にとどめておくために、橋を渡る儀礼（あの世からこの世にやってくる、すなわち誕生という現象）を繰り返すというわけだ。

産婦は三三日間、橋を渡ってはいけないという禁忌は、単に穢れを川の水に感染させてはいけないということだけではなく、忌明けには母子で橋渡りを行ない、子の霊魂をしっかりこの世に定着させるという儀礼があったのであり、それ以前にこれを行ってはいけないのである(14)。

▼葬式の後は塩で清めなければ家に入ってはいけない

現在も葬儀に参列すると、小さな袋に入った塩が渡される。葬儀から自宅に戻ったらその塩をからだに振りかけてから家に入るのが習慣になっている。塩を振りかけるのはからだを清めるためだとされるが、ではなぜ、葬儀のあとは塩で清めなければいけないのだろう。

塩でからだを清め、穢《けが》れを祓い除《の》けるという作法はイザナギ・イザナミの神話からみられる。死んだイザナミの住む黄泉の国に行ったイザナギは、見るなの禁忌を侵すことによって、イザナミの正体が腐乱死体であることを知り、死の穢れを負ってしまう。その穢れを日向《ひむか》の橘の小門《おど》の阿波岐原《あわきはら》で祓い清める。

また、『魏志倭人伝』にも死葬沐浴の記載がある。

「その死には棺あるも槨《かく》なく、土を封じて冢《つか》を作る。始め死するや停喪《ていそう》十余日、時に当りて肉を食わず、喪主哭泣し、他人就いて歌舞飲酒す。已に葬れば、挙家水中に詣《いた》りて澡浴《そうよく》し、以て練沐の如くす」

練沐とは、練《ねりぎぬ》を着て水に浴することで、埋葬後に死の穢れを水で洗い清めたというのだ。

昔の葬儀では、野辺《のべ》送りに参加して、棺を墓地まで運び、埋葬や火葬に携わった人間だけが、作業を終えて家に入るときに塩や水でからだを清めるということを行なっていた。これは、本来は海水で清めていたことが簡略化されたものと考えられる。また、塩の代わりに米糠《こめぬか》を使う例も各地にみられる。米糠の持っている洗浄力に期待してのことだろう。

一方、仏教には本来、死に際して塩で身を清めるという考え方はない。仏教では生と死を分けては考えない。「生死一如」。つまり、生と死は同じものであると捉えるのである。たとえば、浄土真宗では、

「名残惜しく思えども、娑婆《しゃば》の縁つきて、命終わるとき、彼の土へまいるべきなり」

といい、死は現世での縁がなくなり、阿弥陀如来《あみだにょらい》のいる世界に行って仏と縁を結ぶということだと捉えている。葬儀はそのために行なう儀式だから、清めるための塩など必要ないというわけである。ただし、各宗派とも喪家や葬儀への参列者に対して、清め塩を使うな、といった強制はしていないようだ。

「檀家に対して清め塩を使わないようにとか、清め塩など迷信だからやめなさい

ということはいっていません。われわれ僧侶は使いませんが、葬儀社などにも清め塩をつけないでほしい、ということはいいません」

とは浄土真宗のさる僧侶の話だが、各派ともおおむね同様に考えているのだろう。

▼霊柩車を見たら親指を隠す

霊柩車を見たら親指を隠す、なぜならその理由は「親の死に目に会えない」、「親が早死にする」、「親を取られる」といったものが代表例である。いずれも親に災禍が及ぶという図式だ。これは親指が文字どおり親を連想させるからだろう。

ところで、この禁忌はいつごろ生まれたのだろう。霊柩車が日本に登場するのは大正時代の初期といわれている。[15] とすれば、この習俗の誕生はそれ以前ではありえない。しかし、ここで疑問が湧く。大正期になって忽然と新習俗が生まれ、それが流布《るふ》されて広く定着するなどということがあるのだろうか、というのがそれだ。しかも、人類はその発生時から死とともにあり、死を見つづけてきた。かくも長大な歴史を背負った死にまつわる習俗が、霊柩車の登場といった些細な社会現象によってもたらされるとは考えにくいのである。ここは、もともと葬列や野辺送りを対象としていた習俗が、いつからか霊柩車を対象とするものに変わったと考えるのが自然だ。

死の象徴である葬列や野辺送りが、死霊に対する恐れや死霊によってもたらされる影響への危惧を感じさせただろうことは想像に難くない。人々は親指を隠すことによって、その怖れを払拭し影響から逃れたいと考えた。では、なぜ隠すのが親指なのだろう。

親指が目に見えない不可思議な力の影響を受けやすいという考え方は古くからあったようだ。日本の各地にはこんな言い伝えがある。

「夜道を歩くとき親指を握り込んでいると、狐《きつね》に化かされることがない」

「両手の親指を握っていると、疫病《えきびょう》にかからない」

これらは、狐の霊は親指から取り憑き、疫病も親指から感染すると信じられていたことを窺わせるものだが、小山田与清《おやまだともきよ》が、没する一八四七年までに書き綴った見聞や諸説をまとめた『松屋筆記《まつやのひっき》』という書物には、〝親指の爪の間から魂魄《こんぱく》が出入する〟こと、そのため〝恐ろしいと感じたり、畏れを感じたりしたときには親指を隠す〟という記述がある。親指は霊魂の出入口と考えられていたのだ。「霊柩車を見たら〜」という禁忌はこうした考え方を背景にしているものと考えられる。(16)

ちなみに、足の親指についても同様に考えられていたようだ。明治時代の初期にコレラが流行した際、手足の親指を糸で縛るということが行なわれたという。コレラの感染は狐の仕業《しわざ》という流言が飛び交い、その狐の霊が入り込まないようにするためのまじないだったのである。

▼友引には葬式をしない

葬式に関してもっとも知られている禁忌は「友引《ともびき》には葬式をしない」ということだろう。友引を避けるのは、この日に葬式を行なうと、友を引く、すなわち、友人を引っぱってあの世に連れて行ってしまうからだとされている。

友引や先勝《せんしょう》、仏滅、大安などを日に当てるのは六曜《ろくよう》の考え方からきている。六曜は六曜星の略。発祥は中国で小六壬と呼ばれる、一種の吉凶占いである。小六壬では入学や任官、赴任などが主に占われ、小吉、空亡、大安、留連、速喜、赤口の六つのどれに当たるかによって判断が下された。日本に伝わったのは室町時代以降だったとされている。

現在の六曜は先勝、友引、先負《せんぶ》、仏滅、大安、赤口だが、この呼び名になったのは明治以降のことだ。

六曜の日取りは先勝→友引→先負→仏滅→大安→赤口の順で繰り返されるが、月によって一日に当てられるものが順送りになっている。先勝が一日に当てられるのは旧暦の正月と七月、友引は旧暦二月と八月、先負は旧暦三月と九月、仏滅は旧暦四月と一〇月、大安は旧暦五月と一一月、赤口は旧暦六月と一二月となっている。

さて、友引の意味だが、「相打ちて共引きとて、勝負なしと知るべし」というのが元来のもの。勝負なしの引き分けということだから、葬式とはまったく関わりがない。それがなぜ、葬式を執り行なうにはふさわしくない友を引っぱって行くという意味になってしまったのだろう。これは陰陽道の「友曳方」と混同されたためだとされる。友曳方とはそこでことを為すと友に災いが及ぶとされる方角のこと。この友に災いを及ぼすという部分が六曜の友引と結びつき、その日に葬式を行なうと友への災いが起こる、すなわち、友を冥土《めいど》に引っぱって行ってしまうとされたものと考えられる。友引には気の毒な混同だったといわざるを得ない。

本来の意味からすれば、友引に葬式を避ける謂《い》われはないのだが、現在はこの日を休業日としている火葬場が多く、そのために葬式ができないというのが実情である。

▼墓場で転んではいけない

死者が集団で眠る墓場にまつわる禁忌は数多く見られる。列記してみよう。

「墓場で転ぶとあの世に連れていかれる」
「墓場で転ぶと指を一本置いていかなければならない」
「墓場で転ぶとその足を置いていかなければならない」
「墓場で転ぶと手を切らなくてはいけない」
「墓場で転ぶと腕を一本置いていかなければならない」
「墓場で転ぶと靴を置いていかなければならない」
「墓場で転ぶと片袖を置いていかなければならない」

いずれも、転んだ結果は悲惨だ。靴や片袖ならまだしも、腕や足まで置いていかなければならないというのだから、転ぶことに対する戒めは強力である。では、なぜ墓場では転ぶことが禁忌とされたのだろう。背景には墓場という場所の特異性があると思われる。

いうまでもなく、墓場はたくさんの死者が眠る場所である。親しい先祖や祖父母が眠ると同時に、死の穢れにみちみちた場所なのである。したがって、死霊や亡霊たちが生きている者たちを、自分たちの棲む世界にひきずりこもうとしている場所なのだと考えられた。

それでは「転ぶ」というのはどういう意味をもつのだろうか。墓場だけではなく、便所でも転んではいけないという禁忌もある。転ぶことを忌んだり、転ばせるという儀礼からわかることは、人が転ぶとその時に魂が抜けでるという考え方があったことがわかる。

墓場で転ぶということはすなわち、転んで身体から魂が抜け、同時に周囲にいる心霊や亡霊たちの霊魂が身体に入ってきてしまうということなのだ。

註

(1)A・ファン・ヘネップ『通過儀礼』弘文堂　一九七七　(2)飯島吉晴『竃神と厠神』人文書院　一九八六　(3)倉石あつ子「便所神と家の神」『信濃31巻1号』一九七九　(4)新谷尚紀『日本人の葬儀』紀伊國屋書店　一九九二　(5)末広恭雄『魚と伝説』新潮社　一九七二　(6)佐野賢治『虚空蔵信仰』雄山閣出版　一九九一　(7)樋口清之『日本の習俗　起源を知る楽しみ』大和書房　二〇〇二　(8)(9)柳田國男『禁忌習俗語彙』国書刊行会　一九三八　(10)(11)(12)新谷尚紀『なぜ日本人は賽銭を投げるのか』文藝春秋　二〇〇三　(13)新谷尚紀「叩く　消滅する民俗・嫁叩き」『山梨県史研究9号』山梨県　二〇〇一　(14)吉成直樹『俗信のコスモロジー』白水社　一九九六　(15)井上章一『霊柩車の誕生』朝日新聞社　一九九〇　(16)常光徹『うわさと俗信』高知新聞社　一九九七

文庫あとがき

本書の親本『日本人の禁忌《タブー》』（青春新書インテリジェンス）の刊行は二〇〇三年、東京の中心部に当時最先端の大型複合施設「六本木ヒルズ」が開業した年のことでした。そして、日本各地に個人個人で自由に電話をかけられる画期的な「携帯電話」という便利なものが普及したころでした。

あれからもう二十年近くが経ち、現在は「ガラケー」にかわって「スマホ」の時代です。そのスマホが普及したのさえ、もう十年近くも昔のこと。世の中はめまぐるしくどんどん移りかわります。そのなかで「禁忌」をめぐるこの本を、いまあらためて文庫本として読んでいただけるのは、たいへんありがたいことです。

そこで、この文庫版のあとがきでは、「禁忌とは何か」、その核心にふれておきましょう。

禁忌の根源は、第一に、男女の性にかかわるもの。第二に、宗教や信仰や呪術にかかわるもの。それがすべてです。

禁忌のそもそもの根源は、人類：ホモサピエンスによる「死の発見」という歴史にあります。霊長類の研究者は、「死は事実ではない、概念だ」といいます。仲間の死の瞬間を前にしたニホンザルの行動をつぶさに観察した研究者は、サルがその死を理解できないことを発見しました。「死を理解する」とは、死という現象を理解し、概念化し、言語化して他者と共有すること。ニホンザルにはそれができません。

人類は進化の過程で、死を発見し、理解して、仲間の死という情報を他者と共有できました。だから死体を放置せず葬式をしたり墓を作ったりします。ただし死体の処理は、ミイラにしたり土葬や火葬や風葬や鳥葬などさまざまです。それは、死が所与の生理ではなく、発見された「文化」だから。死の理解が社会や文化により異なるものだったから、死体の処理もさまざまなのです。

その人類による死の発見はいつの時代なのか。化石人骨への加工や装飾が施された例からすれば、およそ三万七千年前にはすでに人類は死を発見し、理解できていた可能性があります。

死の発見は、死への恐怖から人びとの精神世界にビッグバンをもたらしました。死んだらどうなるのか、どこへ行くのか、「いま生きている」とはどういうことなのか、つまり「他界観念」と「霊魂観念」の発生。それこそが宗教の誕生だったのです。

そして、この世とあの世の関係を解説する者が、まもなく登場します。それが原初的な「王」、宗教的な王の出現です。あの世とこの世の媒介者として、原初の王が空間をはかる道具として「貨幣」を、時間をはかる道具として「暦」を創りました。王が王であるための不可欠な道具が貨幣と暦だという構図ができたのです。

原初の貨幣は、中国古代の場合は「子安貝《こやすがい》」でした。それは人間が生まれてくる場所としての女性器の発見からもたらされた形象です。死の発見は、生の発見であり、性の発見だったのです。そこから、男女の性が禁忌の対象となったのです。禁忌の根源の第一が、男女の性にかかわるものであるのはそのためです。

また、死の発見は宗教の誕生であり、さまざまな信仰や呪術の発生と一体でした。したがって、人間は目の前のものごとについて考えるうえで、いつもその裏にあるであろう霊魂的なことを考えざるを得ない種となったのです。禁忌の根源の第二が、神聖なるもの、信仰や呪術にかかわるものであるのはそのためです。

本書の冒頭の「監修のことば」で述べたように、人間が一定の秩序のもとで社会的な存在であるために創り出してきたのが、禁忌の体系です。しかし逆に、自分たちが創り出してきた禁忌の体系から逃れようにも逃れられない存在となってしまっているのが人間なのです。そうしたなかで、ときどきうごめく「禁忌破り」の衝動があります。それは何か、なぜか。人間がみずから創り出したはずの禁忌の束縛から少しだけでも逸脱してみたいという危険な衝動です。

その衝動の火種があるかぎり、禁忌がもともと人為的に創られた虚構であると考えさせてくれるきっかけにもなっています。ただし皮肉にも、そのような衝動は逆に、禁忌の体系をゆるぎないものにすることへもつながっています。あたかも捕縛の、ほどこうとするほどきつく締まっていく縄のようなものです。

呪縛の縄、それが人間にとっての禁忌なのです。

青春文庫

日本人《にほんじん》の禁忌《タブー》

忌《い》み言葉《ことば》、鬼門《きもん》、縁起《えんぎ》かつぎ…人《ひと》は何《なに》を恐《おそ》れたのか

2021年11月20日　第1刷

監修者　新《しん》谷《たに》尚《たか》紀《のり》

発行者　小澤源太郎

責任編集　株式会社プライム涌光

発行所　株式会社青春出版社

〒162-0056　東京都新宿区若松町 12-1
電話 03-3203-2850（編集部）
03-3207-1916（営業部）
振替番号　00190-7-98602

印刷／中央精版印刷
製本／フォーネット社

ISBN 978-4-413-09790-1